海南州创新示范区黄河文化科技创新平台关键技术研究与示范项目
三江源生态保护基金会 2024 年科研资助项目
青海师范大学学术专著出版基金
青海省自然地理与环境过程重点实验室
青海省"昆仑英才·高端创新创业人才"项目

宗日文化的内涵与时代价值

侯光良　著

西北大学出版社
·西安·

图书在版编目（CIP）数据

宗日文化的内涵与时代价值/侯光良著. -- 西安：西北大学出版社，2024.6. -- ISBN 978-7-5604-5420-7

Ⅰ.K871.134

中国国家版本馆 CIP 数据核字第 2024T973L2 号

宗日文化的内涵与时代价值
ZONGRI WENHUA DE NEIHAN YU SHIDAI JIAZHI

著　　者	侯光良
出版发行	西北大学出版社
地　　址	西安市太白北路 229 号
邮　　编	710069
电　　话	029-88303593
网　　址	http://nwupress.nwu.edu.cn
E - mail	xdpress@nwu.edu.cn
经　　销	全国新华书店
印　　装	陕西瑞升印务有限公司
开　　本	720 毫米 × 1020 毫米　1/16
印　　张	14.5
字　　数	240 千字
版　　次	2024 年 6 月第 1 版
印　　次	2024 年 6 月第 1 次印刷
书　　号	ISBN 978-7-5604-5420-7
定　　价	138.00 元

本版图书如有印装质量问题，请拨打 029-88302966 予以调换。

序

Foreword

侯光良教授的新作《宗日文化的内涵与时代价值》（以下简称《宗日文化》）一气读完，意犹未竟。把一个谜一般的史前遗址和文化写得如此别出机杼、条理清晰且通俗生动，作为宗日遗址考古发掘者的我，是做不到的。因为考古学家都是把自己当作仓库管理员的模式来训练的，我们只会将考古当作器物而不是人物来对待。

宗日遗址是20世纪80年代发现的，90年代青海省文物处考古队做了三次考古发掘，发掘面积9800平方米。21世纪，青海省文物考古研究所与河北师范大学、南京大学组成联合考古发掘队，又进行了四次考古发掘，发掘面积近3000平方米。再加上羊曲遗址因修建大坝而进行的近3万平方米的抢救性考古发掘，可以说宗日遗址和宗日文化是青海省迄今为止的发掘项目中发掘时间最长、发掘面积最大的考古遗址和考古学文化。虽然宗日遗址和宗日文化的田野考古工作已经做得很多，但其室内整理和相关研究却远远跟不上，因为宗日文化的发现时间毕竟太短，学术研究的积累还太薄弱。在这样一个考古的学术背景下，《宗日文化》就显得很有时代意义和学术价值了。初读之后，有以下几点感受，权当此书的推介。

一、迎难而上，解决学术前沿问题

宗日遗址于20世纪90年代发掘后一经披露，便惊艳了世人特别是学术界。对于世人来说，宗日遗址出土的舞蹈盆和二人抬物盆，成为青海省古文化和文物旅游的标志；对于学术界而言，则是出土了与仰韶文化和马家窑文化彩陶体系截然不同的宗日类型陶器。青海境内的马家窑文化是我国史前彩陶文化中研究比较早的史前考古学文化之一，从最早的1923年安特生在西宁、贵德等地发掘和认识马家窑文化开始，接着被高本汉、阿尔纳、亨策、瓦西里耶夫等外国学者高度关注过和认真讨论过，后又经夏鼐先生给马家窑文化定名，到石兴邦和严文明、谢端琚等人进行马家窑文化来源以及分期研究等，对甘青地区的马家窑文化的认识与研究应该说是比较充分了。与此同时，却出现了学者们根本不认识的宗日文化的情况，这让考古学家们颇受挫折和感到沮丧。

宗日文化是新发现，要解决的却是旧问题，即马家窑文化的适应与进化。新的文化研究中首先要解决的问题是来源问题。对于某一考古学文化的来源追踪一般有两种理论：当地起源论和传播论。发掘者陈洪海对宗日文化进行深入研究之后认为，马家窑文化传播到共和盆地，主要是地理环境和气候的原因，结合当地的细石器狩猎文化而变异成宗日文化，正如同仰韶文化进入甘青地区变异成马家窑文化一样。在这里，陈洪海将当地起源论和传播论融合在一起了。《宗日文化》采用了陈洪海的说法，还列举了沙隆卡遗址剖面的第17层细石器文化层中发现有陶片（距今7800—7700年）、江西沟2号出土的距今6500年前后的陶片、下大武2号地层剖面发现的距今6200年前后的夹砂陶片等作为证据，用细石器技术社会中使用陶器的考古发现，来证明马家窑彩陶文化与细石器狩猎文化相遇后所产生宗日陶器的可能性——代表农业的陶器与代表狩猎的细石器之间的结合是有先例和传统的。考古学跟破案一样，只讲证据，不重推理。所以《宗日文化》中这看似可有可无的一段举例描写，却凸显出考古学这一学科的科学性。

《宗日文化》中将细石器称为"细石器文化"，也许有人认为这是一个不合乎中国考古习惯的称呼，在中国考古界习惯上更多称之为"细石器技术"。但在国际上，譬如在印巴次大陆，细石器是可以称作"细石器文化"的。

二、线条清晰，教科书般条理清楚

按传统的说法是"功夫在诗外"，按现在的说法是"你要写青海，就不能只写青海"。在这里就不能光写宗日遗址，你要写与宗日相关的其他文化，说清宗日文化的来龙去脉。宗日文化是分布在黄河上游的新石器时代晚期文化，所以黄河上游的水系和水资源、植被和土壤、泥沙、黄河流域社会经济环境、文物保护单位的时代与数量、文物保护单位的时空分布特征，以及新石器时代晚期相关的重要遗址统统被用图表和数据的形式清晰地加以展示，为我们提供了一个全方位并数据准确的关于黄河的背景知识。然后，《宗日文化》围绕着青海新石器时代考古学文化从考古学文化的堆积、年代学、植物、动物、文化的区域分布等方面系统加以介绍，逻辑叙述细石器狩猎文化何以发展成马家窑和宗日以农业为主的考古学文化，将发掘者陈洪海的专精研究集中并通俗化，从马家窑和宗日两种陶器在各期所占比例、从仰身直肢葬和俯身直肢葬的分布情况，从食物结构，也就是稳定同位素的分析结果所显示的两组葬式的宗日人群在食谱上的早期差别等，用多学科研究的具体数据来说明宗日文化是如何适应当地环境并得以进化的。从黄河收缩到黄河上游，再集中到青海的共和盆地、河湟谷地，最后聚焦在宗日遗址，由大到小、由古及今、由细石器狩猎文化到新石器农业定居，层次分明，逻辑清晰，如教科书般逐次递进。

三、角度新颖，写人而不仅仅是写物

要将一个考古遗址写成一部书，传统考古学家的做法是对物不对人，也就是发掘报告。要对人的话，在考古界叫"透物见人"，是考古的一种境界和目的之一。21世纪以来，过程考古学成为时代主流，多学科的研究手段才能使考古学家"透物见人"。

侯光良教授的专业是第四纪地理环境与人类，所以他对环境考古自然是轻车熟路。这种轻车熟路首先表现在全新世以来青藏高原地理环境与考古学文化之间的对应和相互关系上，这也就是考古学上的人地关系。以羊曲遗址为例，《宗日文化》通过非常细致和精确的不同区域的大量孢粉分析数据，从而指出"盆地云杉基本消失，盆地内生长着以藜科、蒿属和禾本科为主的荒漠草原，达连海周围开始发育以莎草科为主的沼泽、草甸。总的来说，该时期森林在缩小，荒漠草原在扩大，说明环境已向凉干方向发展……进入全新世以来以草原植被为主，植被覆盖率较高，适宜野生动植物生存，也成为史前人类频繁活动和定居的理想区域，为高原细石器采集狩猎人群和低海拔河谷农业种植人群的交流和融合提供了必要条件"。这样便使考古学家通过环境和气候的分析对两种经济形态下考古学文化发生碰撞的情形有了更具科学依据的论述。遗址区炭屑浓度对人类活动具有很好的指示意义：人类活动强对应的文化层用火频率高、强度大，炭屑浓度高；人类活动弱对应的文化层用火频率低、强度小，炭屑浓度

低。在羊曲遗址南坎沿自然剖面对沉积物做光释光和炭屑分析显示：其中距今6700年时达到整个剖面浓度最大值；距今4700年后炭屑浓度介于1770~15500粒/克之间，浓度再次升高；在距今3800年时浓度较大。这些数据与细石器层位、宗日文化层位以及齐家文化层位相对应，从而有助于考古学家对相应时段人类社会和人类活动的分析研究。多学科的介入，使考古学家走出器物学研究的困境，进入对古代人类及其社会和生活状况进行分析的领域。

四、图表生动，数据一目了然

大量精美图表的使用，不仅仅是《宗日文化》一书的亮点，同时也是侯光良教授的一贯特色。图表的优点在其直观性、数据化、精确性，或者一句话，即科学性。纵观以图书版面为特征的国际考古出版物（主要指以英语为载体的出版物），你会发现大致可以分作三个阶段：插图阶段、图表阶段和文表阶段。考古以图为主，没有图就无法进行考古学研究，所以早期考古学书籍都配有大量的手绘图；从过程考古学，尤其是20世纪最后的20年以来，手绘图数量大大减少，被很多表格所代替，因为新考古学（亦即过程考古学）号称是科学考古学，图表所具有的数据化和精确性便是"科学性"的表征之一；21世纪以来，在越来越多的考古学研究中，手绘图越来越多地被照片或电脑分析图表所代替，表格（包括各种各样电子图表）几乎一统天下。这种变化趋势似乎被学术界认为是"科学化"的发展趋势。我之所以在这里将科学化打上引号，是因为并非所有的学者都这么认为。无论学者们怎么认识，但这种变化和趋势是客观存在的，因为学术与时装一样，也有流行和时尚。

传统考古学家的训练包括自己制作遗迹和遗物图，但要运用电脑软件制作地图和分布图以及分析图表，则是新考古学的要求。对于一般人而言，自己制作一幅图并非易事，往往直接拷贝或请人帮忙，但电脑分析图表，则是非亲自为之而不能的事。所以考古界有一种不成文的默契认识：一个作者是否为专业考古学家往往是通过图来判断的。也许因为是地理系的教授，所以文中还有大量的地图、分布图等，这也是《宗日文化》的闪光点。比如"黄河流域各时期文保单位的核密度状况"中的几幅文物点分布图，使我们直观、准确和一目了然地得知文物在不同时期的分布状况。

此外,《宗日文化》一书中还灵活运用小贴士对一些专业的却非叙述主题的知识和概念加以解释,不仅有助于对整个行文的理解,而且灵动了版面,活跃了叙述。

《宗日文化》既有学术研究性,又有通俗科普性,读罢有感,特为之序:

宗日亦名兔儿滩
文化延续五千年
借得考古铲一把
昔日遗迹重见天

夹砂罐上落日圆
红陶盆内舞翩跹
东西文化相逢处
亦猎亦牧亦种田

汤惠生
2024年2月26日于南京仙林

目 录
Contents

第一章　黄河流域的自然人文环境与文化概况 ⋯⋯⋯⋯ 1
　　第一节　黄河流域的自然与人文环境 ⋯⋯⋯⋯⋯⋯⋯⋯ 1
　　第二节　黄河流域丰富的文化遗产 ⋯⋯⋯⋯⋯⋯⋯⋯⋯ 9
　　第三节　黄河流域的新石器文化 ⋯⋯⋯⋯⋯⋯⋯⋯⋯⋯ 14

第二章　宗日文化的区域与环境背景 ⋯⋯⋯⋯⋯⋯⋯⋯ 22
　　第一节　区域概况 ⋯⋯⋯⋯⋯⋯⋯⋯⋯⋯⋯⋯⋯⋯⋯ 22
　　第二节　宗日文化的环境背景 ⋯⋯⋯⋯⋯⋯⋯⋯⋯⋯ 27

第三章　宗日文化的来源 ⋯⋯⋯⋯⋯⋯⋯⋯⋯⋯⋯⋯ 34
　　第一节　青藏高原东北部的细石器文化 ⋯⋯⋯⋯⋯⋯ 34
　　第二节　细石器与种植者的初遇 ⋯⋯⋯⋯⋯⋯⋯⋯⋯ 49

第四章　宗日文化的基本特征 ⋯⋯⋯⋯⋯⋯⋯⋯⋯⋯ 68
　　第一节　宗日文化的分布区域和时段 ⋯⋯⋯⋯⋯⋯⋯ 68
　　第二节　宗日文化的陶器 ⋯⋯⋯⋯⋯⋯⋯⋯⋯⋯⋯⋯ 75
　　第三节　细石器被广泛用于狩猎采集 ⋯⋯⋯⋯⋯⋯⋯ 87
　　第四节　独特的葬俗——石棺葬、火葬 ⋯⋯⋯⋯⋯⋯ 96

第五章　宗日时期的文化交流 ⋯⋯⋯⋯⋯⋯⋯⋯⋯⋯ 110
　　第一节　宗日文化的"定居革命" ⋯⋯⋯⋯⋯⋯⋯⋯⋯ 110
　　第二节　宗日遗址马家窑陶器的来源 ⋯⋯⋯⋯⋯⋯⋯ 124
　　第三节　宗日磨制石器与装饰品 ⋯⋯⋯⋯⋯⋯⋯⋯⋯ 151

第四节　宗日文化对马家窑文化的影响 …………………… 161

第六章　宗日文化的影响与时代价值 …………………… 180
　　第一节　宗日文化的消失 ………………………………… 180
　　第二节　宗日文化的后世影响 …………………………… 190
　　第三节　宗日文化的时代价值 …………………………… 201

参考文献 ……………………………………………………… 209
后　　记 ……………………………………………………… 219

第一章

黄河流域的自然人文环境与文化概况

第一节　黄河流域的自然与人文环境

黄河发源于青藏高原巴颜喀拉山北麓约古宗列盆地卡日曲，蜿蜒东流，呈"几"字形流经青海、四川、甘肃、宁夏回族自治区、内蒙古自治区、陕西、山西、河南、山东9省区，穿越黄土高原及黄淮海平原后，注入渤海。干流全长5464千米，水面落差4480米，流域总面积79.5万平方千米，是世界第五长河，在中国境内是仅次于长江的第二大河。黄河流域是中华民族和中华文明主要的发源地之一，有"母亲河"的美誉。

一、自然环境

1. 地形

黄河流域从西至东横跨青藏高原、黄土高原、内蒙古高原和黄淮海平原四个地貌单元，地势呈西高东低，海拔范围为 –18~6253 米，东西落差超6000米。西部河源地区平均海拔在4000米以上，由巴颜喀拉山、横断山、祁连山和阿尼玛卿山等山脉构成，常年发育积雪，属冰川地貌；中部地区海拔1000~2000米，地形破碎，由一系列山地和丘陵组成，为黄土地貌，该区域水土流失较为严重；东部地区海拔低于1000米，由黄土冲积的平原组成，整体为平原地貌，该区域水量充足、地势平坦。（图1–1）

黄河上游是指河源至内蒙古托克托县河口镇，根据地形可以分为河源段（黄河源—青海龙羊峡）、峡谷段（龙羊峡—宁夏青铜峡）和冲积平原段（银川平原与河套平原），长3472千米，此段流域面积占黄河流域面积的51.3%；上游地区的地质构造复杂，山脉绵延，谷地深切；上游段年来沙量低，仅占黄河全年年来沙量的8%。中游是指从河口镇至郑州桃花峪，可以分为晋陕峡谷段、汾渭平原段、三门峡至桃花峪河段，长1206千米，流域面积占黄河流域面积的45.7%，区间增加的水量占黄河水量的42.5%，而增加的沙量却占黄河来沙量的92%，是泥沙的主要来源区域。桃花峪以下为黄河下游，长786千米，流域面积占黄河流域面积的3%，此区间的增水量占黄河水量的3.5%。该河段河道坡降小，水流平缓，加之河道宽浅散乱，泥沙淤积严重，久之河床升高形成"地上悬河"。

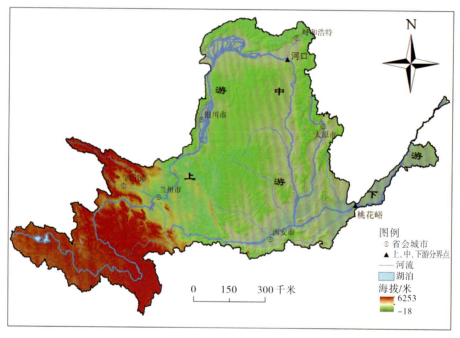

图1-1 黄河流域地形图

2. 气候

从气候来看，黄河流域地貌差异大，受西风带和季风环流共同影响，环流形势复杂，使得流域内不同地区气候要素变化大，差异显著，主要表现出以下特征：

首先，光照充足，太阳辐射较强。黄河流域的日照条件在全国属于较足的区域，全年日照时数一般达2000~3300小时，太阳总辐射量110~160千卡／平方厘米·年。从年均气温来看，地区差别大。黄河流域年平均气温为-2℃~16℃，黄河河源地区低于0℃，上游同德—兰州段为4℃~

10℃，中游黄土高原 10℃~14℃，下游地区温度达 14℃~16℃，呈现出自东向西、自南向北降低的趋势。年平均气温随纬度的升高而降低，即纬度越高，温度越低；同时也随海拔的增高而降低，即海拔越高，温度越低。（图1-2）与此关联的是，流域无霜期较短，即使是黄河下游平原地区，无霜期从 10 月上中旬至次年 3 月下旬，其无霜日也只有 200 天左右；同时向上游逐渐缩短，至上游久治以上地区平均不足 20 天，可以说基本上全年有霜。

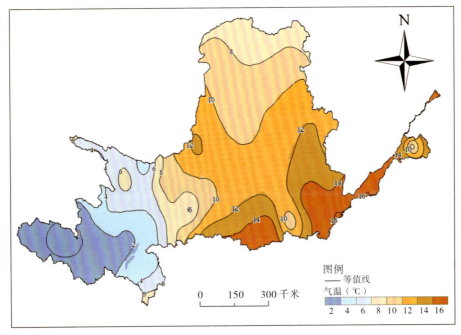

图 1-2　黄河流域年平均气温图

其次，从年均降水量来看，黄河流域地处我国干旱、半干旱和半湿润气候区的过渡地带，大气降水是流域的主要径流补给，黄河流域降水的空间分布具有显著的差异性，呈现出自东向西、自南向北降低趋势。黄河流域降水主要集中在夏秋两季，夏秋河水暴涨，容易泛滥成灾，冬春雨量小，水源匮乏，径流的年内分配很不均匀。流域大部分地区年降水量 200~650 毫米，中上游南部和下游地区多于 650 毫米。从南北向来看，南部降水量高达 600 毫米以上，中部一般 200~600 毫米，北部低于 200 毫米。从东西来看，上游和中游地区年平均降水量 200~600 毫米，下游年均降水量 600 毫米以上，部分地区超过 900 毫米。（图1-3）但是流域蒸发强，年蒸发量达1100毫米,上游内蒙古中西部、宁夏和甘肃地区属国内年蒸发量最强的地区,最大年蒸发量可超过2500毫米。

总体来看,黄河流域大部分属于季风气候,尤其是中下游地区的降水主要集中在夏季,表现为"雨热同期",水热组合好,有利于农作物的生长,为发展大河文明提供了良好的气候条件。

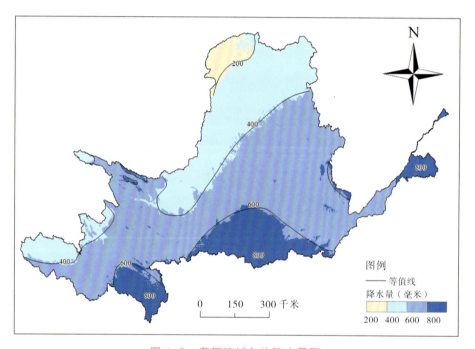

图1-3　黄河流域年均降水量图

3.黄河流域的水系和水资源

黄河支流众多,流域面积大于100平方千米的支流共220条,组成黄河水系。支流中面积大于1000平方千米的有76条,流域面积达58万平方千米,占全河流域面积的77%;大于1万平方千米的支流有11条,流域面积达37万平方千米,占全河流域面积的50%。由此可知,较大支流是构成黄河流域面积的主体(黄河网 http://www.yrcc.gov.cn)。黄河的主要支流有黑河、白河、洮河、湟水、大黑河、窟野河、无定河、汾河、渭河、洛河、沁河、金堤河和大汶河13条河流,是构成黄河流域面积的主体。流域的主要湖泊有4个,分别是上游河源的鄂陵湖、扎陵湖、乌梁素海和下游的东平湖。(图1-4)

第一章 黄河流域的自然人文环境与文化概况

流域内地区水资源分布不均，兰州以上的流域面积占全河流域面积的29.6%，水资源总量却占全流域水资源总量的47.3%；而兰州至河口镇区间流域面积占21.7%，水资源总量只占全流域水资源总量的5%；龙门至三门峡区间流域面积占25%，水资源总量占全流域水资源总量的23%。由于流域水资源主要为降水补给，降水时间分配不均，7~10月的降水约占全年降水量的60%~80%，约占全年径流量的60%。黄河流域水资源较为贫乏，总量仅占全国水资源总量的2.6%，在全国七大江河中居第4位。人均水资源量905立方米，是全国人均水资源量的1/3，在全国七大江河中居第4位。

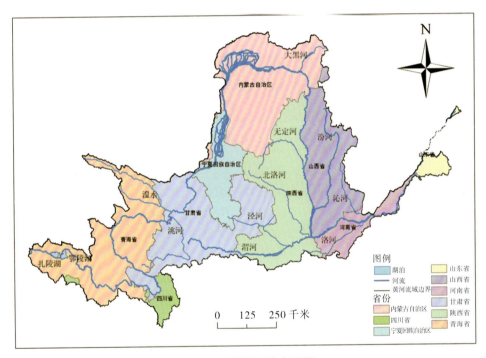

图1-4 黄河流域水系图

4. 植被和土壤

黄河流域覆盖范围广，植被类型多样，主要包括高山植被、阔叶林、针叶林、荒漠、草甸、草原、灌丛、沼泽和栽培植被。草甸、灌丛、沼泽和高山植被主要分布在黄河流域的上游地区，如青海、甘肃二省；荒漠主要分布在流域上游的宁夏和内蒙古地区；草原植被主要分布于流域的中上游地区,面积占比较大;阔叶林、针叶林主要分布于中游地区;草丛主要分布于中下游地区;农田主要分布于流域东南部的陕西、河南、山东三省以及流域北部的部分地区。(图1-5)

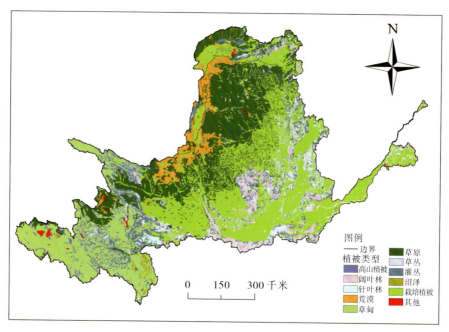

图1-5 黄河流域植被类型图

流域内有淋溶土、半淋溶土、钙层土、干旱土等11种土纲类型,40种土壤类型,其中高山土、初育土、干旱土、半淋溶土占面积较大。高山土分布于上游的青藏高原,并在青海和甘肃交界逐渐过渡为灰钙土,而在河套平原附近主要分布为栗钙土或者荒漠土,陕西、山西境内的黄土高原主要分布为褐土,黄河流域下游地区主要以棕壤为主。流域中的盆地或平原内多为肥沃疏松的土质,具有优良的土壤结构,有利于储存养分和水分,易被农作物吸收,孕育了早期的农耕文明。(图1-6)

5. 黄河泥沙

黄河是世界含沙量最高的河流之一。据统计,黄河上游河口镇断面平均含沙量近6千克/立方米,多年平均输沙量1.42亿吨,仅占全河输沙总量的8.7%;但到了三门峡,年平均输沙量为16亿吨,平均含沙量37.8千克/立方米,含沙量陡增的主要原因与黄河流经水土流失严重的黄土高原省份:

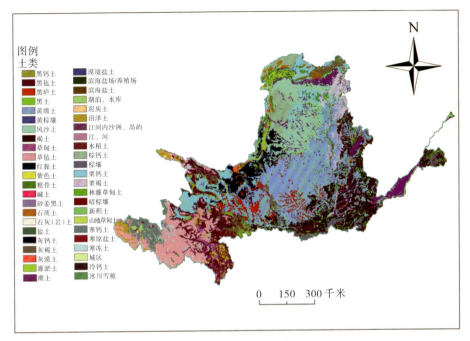

图 1-6 黄河流域土壤类型图

陕西省（约占黄河来沙量的 41.7%）、甘肃省（占 25.4%）和山西省（占 17.3%）有关；在黄土高原黄河主要支流中，来沙量居前四位的是泾河（占黄河来沙量的 16.1%）、无定河（占 13.0%）、渭河（占 11.4%）和窟野河（占 8.4%）。

在世界众多河流中，黄河含沙量几乎是名列榜首。比如，美国科罗拉多河含沙量达 27.5 千克/立方米，略低于黄河，但年输沙量仅有 1.36 亿吨；孟加拉国的恒河年输沙量达 14.5 亿吨，同黄河年输沙量相近，但因其水量多，含沙量只有 3.9 千克/立方米，远小于黄河。可见黄河年输沙量之多，含沙量之高（黄河网 http://www.yrcc.gov.cn）。

二、黄河流域社会经济环境

截至 2020 年，黄河流域总人口为 11368.23 万人，占全国总人口的 8.6%，平均人口密度为 143 人/平方千米。受自然条件的影响，流域内人口分布不均，主要集中在黄河中下游的渭河谷地、汾河谷地，以及龙门以下的黄河干流两侧，人口密度约为 600 人/平方千米，几乎都在全国平均人口密度的 2 倍以上。黄土高原、河湟谷地人口密度居中，人口密度约为130人/平方千米；而黄河上游的青藏高原腹地、鄂尔多斯沙地等，人口密度则非常低，许多区域每平方千米甚至不足10人。（图1-7）主要是由于这些地区为大片沙漠、高海拔气候等，自然条件比较恶劣，很难形成人口的集聚。相反在渭河平原区，以及位于黄河下游区的各地域自然条件优越，因此人口密度高，很容易形成人口的集聚区。

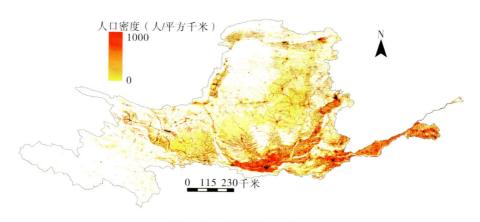

图1-7 黄河流域人口密度

黄河流域省区的国民经济生产总值（GDP）约占全国GDP总量的1/4，但人均GDP却低于全国，由此可见此流域内社会经济发展与发达地区仍有一定差距。受区位条件、资源禀赋等因素影响，流域内部经济发展自西向东表现极为不均。山东省2022年度GDP总量超过8万亿元，而最西部的青海省则仅3000多亿元。从地市级角度看，流域内地跨中国东中西三大经济带，经济发展区域差异非常明显；黄河流域的GDP自上游至下游依次增高，上游部分州市不足百亿元，而下游各地市GDP均已破千亿元。处于中游的鄂尔多斯市、榆林市、西安市和太原市，以及下游的洛阳市、郑州市，GDP总值较高，高于4556亿元，经济相对较为发达，处于第一梯队。而呼和浩特市、兰州市GDP总值2976亿~4555亿元，处于第二梯队；广大的黄河中游地区如陕西省的延安市、宝鸡市，与山西省的吕梁市、临汾市等，GDP总值2113亿~2975亿元，则属于第三梯队；而地处上游的甘肃省和青海省的广大市、州，GDP总值低于2113亿元，经济较为落后。（图1-8）

第一章 黄河流域的自然人文环境与文化概况

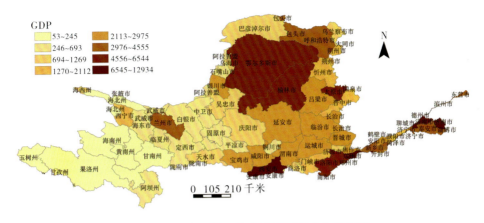

图 1-8　2022 年黄河流域国民经济生产总值图

第二节　黄河流域丰富的文化遗产

文物是我国历史时期人类活动的遗存,也是文化遗产的核心内容,极具历史、艺术与科学价值。黄河流域为中华文明的重要发源地,自史前至明清时期都是我国人类活动的核心地区,拥有丰富的文化遗产。研究该流域文物保护对了解黄河流域环境、社会、文化变迁等人地关系和谐发展具有重要作用,也彰显了黄河流域作为华夏文明发源地之一的重要文化地位。系统整理黄河流域全国重点文物保护单位、省级文物保护单位大量数据信息,可以了解黄河流域文物保护单位分布特征。

一、不同时期文物保护单位的分布数量

黄河流域文物保护单位的建立时间跨度较大,史前至魏晋南北朝时期数量呈减少趋势,隋唐五代至明清逐渐增加并达到顶峰。不同时期文保单位都呈现集中状态,可见在我国历史时期中,以宗族制、郡县制和小农经济为主体的政治经济限制人类活动的扩展,总体以聚集为主。文保单位的数量变化体现了不同历史时期政治、经济、社会的发展水平。黄河流域的文保单位主要集中分布在明清时期,为 1183 处,占总数的 32.8%;史前、宋元和近代以来次之,分别占总数的 19.3%、15.5% 和 11.6%;先秦、秦汉、隋唐五代和魏晋南北朝时期数量较少,介于 6.5%~2.9%。(图 1-9)

通过计算不同时期国家级、省级文保单位两者之间的相关系数，得出国家级与省级文保单位的相关系数为0.97，发现其数量变化趋势基本一致。可见国家级与省级文保单位仅是为显示其文化内涵、科学研究、艺术水平等不同价值而做出的等级划分，与其数量变化之间无必然联系。

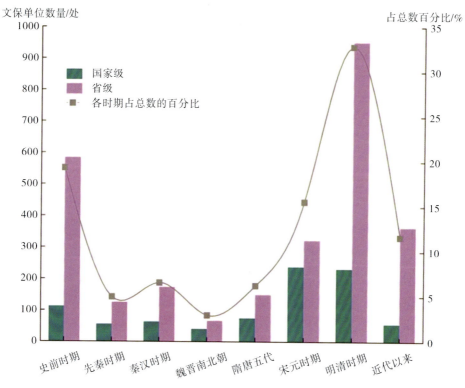

图1-9 各时期国家级、省级文保单位数量及占比图

不同时期文保单位类型占比具有明显差异。史前时期至秦汉时期，古遗址数量占绝对优势，但逐渐呈减少趋势，由94%降低至58%；此期段古墓葬的占比却逐渐增加并达到最大值37%，表明人们越来越重视丧葬文化，且随着社会发展水平的提高，古遗址的保存受到人类活动的高强度干扰而数量减少。魏晋南北朝时期石窟寺、石刻的数量急剧增加，占比53%，与该时期长期战乱、社会不稳定有关。隋唐五代时，各类型文保单位数量占比较均匀。宋元、明清时期皆以古建筑为主，分别为62%和77%，古建筑不易保存，宋元、明清较为靠近现代，数量增多。近代以来均为近现代主要史迹及代表性建筑，占97%。清末以来虽然饱受外国侵略，

军阀混战严重，但是留下众多近代史迹。

二、文物保护单位的时空分布特征

1. 史前时期

史前时期文保单位共696处，集中分布于湟水谷地、关中盆地以及晋东南豫东北等区域（图1-10a）。史前人类比现在更依赖自然条件，其能动地改造自然的水平低，不得不依赖河流、植被、地形等自然因素。该时期文保单位类型主要为古遗址。古遗址是史前人类生活的再现，就其选址来看，多分布于河流交汇处、河口冲积扇、大河两侧等易于取水地带或易于狩猎的林草交错带。关中盆地、湟水谷地，以及晋东南豫东北区域，都是靠近渭河、湟水与黄河下游的近水且平坦区域，长期以来河流冲击形成的关中盆地和肥沃的土壤为该区史前时期的人类发展提供了优越的自然条件，可见在史前时期文保单位的空间密度分布受自然环境条件影响最大。

2. 先秦时期

先秦时期文保单位共180处，呈现出以汾河下游为中心的核心区与豫东北、鲁中、渭河河谷一带为主的次核心区（图1-10b）。先秦时期是我国从史前文明向封建社会转型的关键时期，夏、商、周以来农耕技术愈发成熟，随着青铜器的出现，人类利用、改造自然条件的能力提升，文保单位也出现了石窟寺与石刻类型，同时可能受春秋、战国历史动荡影响，导致文物数量少，且文物类型以易于保存的古遗址为主。

3. 秦汉时期

秦汉时期文保单位共236处，形成了以西安为主的单核心区（图1-10c）。秦汉时期气候温暖湿润，尤其是秦汉郡县制下的社会组织发展、生产力提升，发达的政治、经济、军事使得人类走出中原地带，向西打通丝绸之路，向北建造秦直道、长城等工程，文保单位的分布范围扩大。秦汉时期的关中盆地是全国的政治、经济与文化的中心，从而使其成为文保单位空间密度分布的核心区。

4. 魏晋南北朝时期

魏晋南北朝时期文保单位共106处，形成了以洛阳为中心的核心区，

宗日文化的内涵与时代价值

与前述时期相比，核心区的位置明显东移（图1-10d）。魏晋南北朝是我国历史上极为动荡的时代，此时地方政权大量崛起，政权更迭迅速，导致北方战乱频繁、经济萧条。动荡的社会环境为宗教流行提供了土壤，大众多寄托于宗教活动，加之统治者的宗教喜好，从而佛教兴盛，开凿了大量石窟。文保单位中石窟寺及石刻类型多达57处，数量明显高于其他时期，表明该时期的文保单位深受政治、宗教的影响。

5. 隋唐五代时期

隋唐五代时期文保单位共224处，空间密度分布以西安、洛阳为核心区（图1-10e）。隋唐五代处于气候温暖期，是我国封建社会的繁盛时期，黄河流域农田水利发达，人口急剧增加，经济、政治与文化都有了较大发展。此时期各类型文保单位数量分布较均匀，表明此时期社会稳定，文化全面发展。在空间上受西安、洛阳的都城效应影响形成核心区，如唐朝注重对外交流，边境和平，从而青海、宁夏等地文保单位数量增加，呈现较小的集聚分布点。

6. 宋元时期

宋元时期文保单位共559处，贯穿晋中、晋南的汾河与沁河流域为文保单位分布的核心区（图1-10f）。宋元时期结束了五代时期的分裂局面，重新走向统一，良好的社会环境促进了佛教、儒学的发展，且晋商等社会团体兴起，致力于修建名刹古寺、书院等建筑，造成了该时期古建筑数量剧增，占比达总数的61.8%。

7. 明清时期

明清时期文保单位数量最多，共1183处，其分布在以关中盆地、晋中南以及湟水谷地等区域为主的核心区（图1-10g）。此时期黄河流域随着人口的持续增加，流域大量垦田，人类活动范围及影响扩大，流域北部文保单位数量明显增多。自宋代开始古建筑的数量就开始增加，而在明清受政府如皇木采办政策影响，古建筑数量显著持续增加，且明清距今历史时间短，古建筑保存较好，因而该时期文保单位数量最多。其中，山西和陕西两省古建筑数量最多，成为核心区。

8. 近代以来

近代以来文保单位共419处，其中96.8%为近现代重要史迹及代表性建筑。红色圣地延安为唯一核心区（图 1-10h）。近代以来，陕北地区红色文物资源丰富，形成了这一时期文保单位核心区，也反映了文化遗产的分布深受政治活动和历史过程的影响。

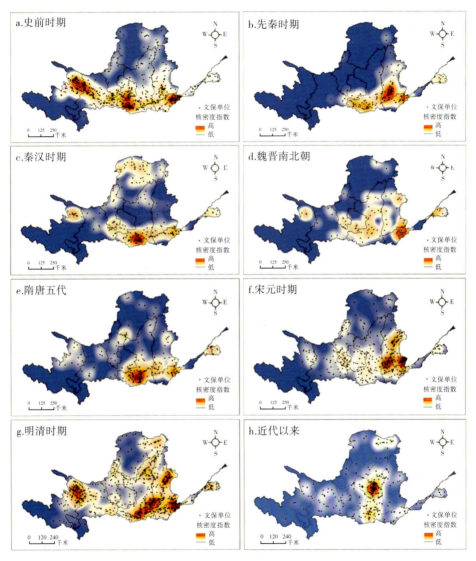

图 1-10　黄河流域各时期文保单位的核密度状况图

宗日文化的内涵与时代价值

第三节 黄河流域的新石器文化

一、黄河流域文化的重要性

黄河流域文化遗产数量巨大、类型多样，我们重点讨论新石器文化。进入全新世的距今11000年前后，全球气候变暖，黄河中下游以河南新密李家沟为代表的先民们开始磨制石器和制作陶器，产生了农业和定居聚落，拉开黄河流域进入新石器时代的大幕，为文明的产生奠定了基础。距今8000—6000年的全新世大暖期，粟作农业在黄河中下游开始发展，包括地处西北的渭河上游发展出以黍作为主的大地湾文化，农业发展促使人口和聚落增加、手工业发展和社会进步。比如山西夏县师村仰韶文化遗址发现的石刻蚕蛹，可能暗示此时期已经有养蚕与丝绸的制作，仰韶人也可以制作艺术性很高的彩陶；又如河南濮阳西水坡遗址发现用蚌壳堆砌成的龙和虎，这些为文明起源奠定了坚实基础。

距今5800—3800年，社会复杂化加剧，是黄河流域中华文明起源进入快车道的古国阶段，只有动员规模巨大的集体力量才能完成的宏大工程，也反映出王权可以大规模组织动员和建设的能力，初步显示出国家力量。距今5800—5200年的第一阶段，黄河与长江流域粟作与稻作互动交流加强，人口和聚落规模进一步扩大，出现城池，如以河南灵宝铸鼎原遗址聚落群为代表的若干个规模在百万平方米左右的大型中心聚落，周围分布着数十个中小型聚落组成的聚落群，大中型聚落有宽阔壕沟和高大城墙环绕，作为军事防卫设施。距今5200—4300年前后，聚落结构和功能明显提升，焦家遗址新发现目前黄河下游最早的史前城址，体现出该时期城池获得空前发展。黄河中下游出现了面积达100多万平方米的中心城市，其规模之大，在当时属于世界级的超级工程。陶寺遗址发现了截至目前新石器时代最大的单体夯土建筑；石峁遗址发现了皇城台、内城、外城三圈空间布局结构，以及皇城台转角浮雕与贵族专属墓地，显示出彩陶制作、琢玉、髹漆等手工业和建筑技术取得了长足进步。

距今3800年前后，中华文明向黄河下游聚焦，创造了中国历史上第一个朝代。洛阳二里头遗址，面积300多万平方米，是中国同时期规模最大的都邑性遗址，中心区发现了宫殿、宫城以及镶嵌绿松石龙形铜牌等的青铜器皿，创造了以玉牙璋为代表的玉、青铜器礼器。礼仪制度辐射到周边广大地区，并被后世所继承。形成黄河下游文明引领地位，影响范围空前广阔。标志着中华大地正式迈入王朝国家，书写了中国夏王朝后期的历史，中华文明开始走向成熟。（国家文物局发布中华文明探源工程最新成果 http://www.gov.cn）

黄河流域是中华民族生存繁衍、展现智慧、发挥才能、演绎历史的大舞台。因此，我们在黄河流域能看到百万年的人类史、五千多年的文明史、一万年的文化史，也能领略中华文明从蒙昧走向成熟，从过去灿烂走向今朝辉煌的形成及演变过程。这在世界范围内都是非常少见的。所以黄河流域是中华民族的摇篮，是中华文明的集中体现。中华文明源远流长、博大精深，是中华民族独特的精神标识，是当代中国文化的根基，是维系全世界华人的精神纽带，也是中国文化创新的宝藏。

二、黄河流域新石器时代晚期文化

在距今5000—4000年，中华大地开始进入新石器时代晚期，粗略来说，黄河流域中游和下游分别为中原龙山文化和山东龙山文化，黄河上游有马家窑文化与宗日文化。位于黄河上游青藏高原的宗日文化成为黄河流域内分布海拔最高的新石器时代文化（图1-11，图1-12）。我们选择与宗日文化相关的黄河流域新石器时代晚期的几个典型遗址，进行阐述。

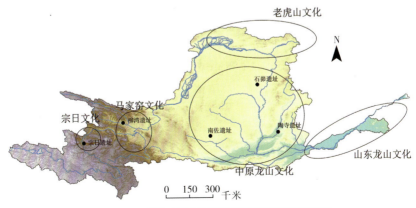

图1-11 黄河流域的新石器时代晚期文化图

宗日文化的内涵与时代价值

图1-12 新石器时代黄河流域上、中、下游区域文化代表图

1. 南佐遗址

南佐遗址位于甘肃省庆阳市西峰区后官寨镇南佐村，地处黄河支流泾河支流蒲河左岸的董志塬上。传说该区是黄帝部族的重要活动地域，距今5100—4600年。遗址面积为600多万平方米，核心区由宫城、9座夯土台及其环壕（护城河）围成，核心区中部偏北为环壕和带围墙院落组成的"宫城"区，"宫城"中央有主殿。

"宫城"区占地面积有上万平方米，核心是长方形宫城院落，东西宽约55米，南北长约67米，面积近3700平方米，外围有筑夯土墙环绕。夯土墙局部墙面残留有白灰面，"宫城"南部有平行的两道墙，宫门和主殿中门、中央大火坛在一条直线上，构成整个"宫城"的中轴线。在宫墙护墙之外有壕沟或"护城河"，宽约15米，最深约12.5米。院落中的主殿也是长方形，坐北朝南；南北长约35米，东西宽约20.5米，室内面积约580平方米，由"前厅"和"殿堂"两部分构成。"宫城"区建筑是目前国内发现年代较早、规模最大、保存最好的一批夯土建筑遗存。

9座夯土台及其环壕所围成的遗址核心区，面积约有30万平方米。整个核心区为中轴对称的封闭式格局。其中圆形的北台或为祀天的"天坛"，东西两侧的8个方台或为祭祀八方大地的"地坛"，这样的规划可能符合早期人类"天圆地方"的宇宙观。

第一章 黄河流域的自然人文环境与文化概况

南佐当为都邑性中心聚落。南佐所在的黄土高原是最早迈入早期国家和文明社会的地区之一，因而社会发展程度之高也超出以往的想象，其择中而居、主次分明、中轴对称的宫殿格局更是成为中国后世古典都城宫殿的祖型。南佐聚落整体不仅规模巨大，而且宫殿、夯土台、壕沟等的工程量也很惊人。9座夯土台每座都约有1600平方米，每座台子外围均有宽约20米、深约10米的内环壕，内环壕外还有宽约20米的外环壕，内、外环壕总长度估计在5千米以上，环壕工程总土方量应当在75万立方米左右，大概需要5000人工作一年时间才能完成。南佐都邑巨大的建筑工程量，也彰显出国家力量的强大。核心区及"宫城"区具有择中而居、中轴对称、主次分明的严整封闭式格局，反映了王权中心，"宫城"区出土了白陶、黑陶、绿松石器等贵重物品，朱砂陶、白衣陶、白泥堆纹陶、成套的彩陶，涂抹朱砂的石镞、骨镞，以及大量炭化水稻遗存，与普通居址区形成鲜明对照，显示当时不但有了较高水平的专业化分工，而且已出现礼制和阶级分化，存在远距离贸易控制。（图1-13）（韩建业等，2024）

图1-13　南佐遗址核心区图（左）与宫城区图（右）（韩建业等，2024）

2. 石峁遗址

石峁遗址位于陕西省榆林市下辖的神木市境内，紧邻神木高家堡古镇，地处黄土高原北端的黄河西岸，毛乌素沙漠东南缘，秃尾河北岸的山峁上，北部距长城10千米、距黄河20多千米。碳十四系列测年及考古学系列证据表明，石峁遗址年代为距今4300—3800年，遗址主体为一处石砌城址，面积达400万平方米以上，是我国目前发现的最大的史前城址，被誉为"石破天惊"的重要的考古发现。

2011年以来，石峁遗址的考古工作取得重大收获，先后发掘了外城东门址、韩家圪旦居址及墓葬、樊庄子哨所、皇城台门址及宫室建筑等重要遗迹，城址规模宏大，结构清晰，年代序列完整，是已知北方地区龙山时期后期唯一一处中心聚落城址（孙周勇等，2013）。石峁城址主要由皇城台、内城和外城三部分石砌城垣构成，城内密集分布着大量宫殿建筑、房址、墓葬、手工业作坊等重要遗迹，先后出土了大量的玉器、陶器、骨器、石雕石刻、纺织品、彩绘壁画等珍贵文物。皇城台是石峁城址的核心区域，位于内城中心部位偏西，四面为包砌护坡石墙的台城。它大致呈方形，石墙转角处为圆形，台顶面积8万余平方米，已具备了早期"宫城"性质，是目前东亚地区保存最好、规模最大的早期宫城建筑。此外，共发现墓葬40多座，被确认是石峁文化最高等级墓地。内城将"皇城台"包围其中，依山势而建，形状大致呈东北—西南向的不规则椭圆形，在皇城台台基发现了雕刻精美的石雕。（图1-14，图1-15）城墙大部分处于山脊上，为高出地面的石砌城墙，现存长度超过5700米，宽约2.5米。外城为利用内城东南部墙体，向东南方向扩筑的一道弧形石墙。绝大部分墙体为高出地面的石砌城墙，现存长度约4200米，墙宽约2.5米。

石峁遗址规模宏大，遗址内的建筑遗存既有礼仪性功能、军事性防御设施、贵族宫殿区、居民居住区，也有手工业生产的遗存。它具备了集约人口、集约经济、聚敛高等级物质文化的空间地域系统，是4000年前后大河套地区社会的政治、经济、文化及宗教中心。种种迹象表明，石峁遗址的社会功能不同于一般原始聚落，已经跨入了早期城市滥觞时期作为统治权力象征的邦国都邑的行列之中（孙周勇等，2020）。有鉴于此，在没有获得更多证据之前，将石峁遗址的性质定义为"公元前2000年前

图 1-14　石峁遗址皇城台大台基遗迹图（孙周勇等，2021）

视角 \ 发冠	无发无冠	有发无冠	有发有冠
正视	6号	41号	11号
正视	5号	10号	24号
侧视		28号	11号 / 24号

图 1-15　石峁遗址皇城台大台基石雕人头像图（孙周勇等，2021）

后中国北方区域政体的中心"较为妥当。石峁遗址的发现引起了学术界关于中国文明起源与形成过程多元性的再反思，对于探索中华文明起源及早期国家形成具有重要启示意义。

宗日文化的
内涵与时代价值

3. 陶寺遗址

陶寺遗址位于山西省襄汾县以东约7千米处，地处临汾地区中南部塔儿山西北麓缓倾斜的黄土台塬上，遗址由西至东被宋村沟、中梁沟、南沟和南河切割，遗址总面积达300万平方米，是一处重要的龙山时代晚期文化遗址，距今4300—3900年。

自1978年至今，陶寺遗址大规模、有计划的考古发掘与研究经历了两大阶段，共40余年。根据文化与遗址聚落结构和性质的变迁，陶寺遗址大致分为早、中、晚三期文化遗存。陶寺早期都城遗址年代为距今4300—4100年，面积约160万平方米，其以13万平方米的宫城为核心，南侧"下城"为下层贵族居住区，宫城两侧为早期普通居民区，宫城以东为"国库"仓储区，仓储区东南侧为早期王族墓地，宫城外西北近1000米处为祭地的"泽中方丘"地坛。陶寺中期都城遗址年代为距今4100—4000年，面积在280万平方米以上。这一时期，宫城和"国库"仓储区继续使用，"下城"中的下层贵族居住区被废弃，增建巨大的外郭城，形成了宫城—郭城的双城格局，中国古代都城双城制模式由此确立。陶寺中期都城内部功能区划更加清晰完备，除宫城、"国库"、地坛、早期王族墓地继续使用外，外郭城东南方向另围出一个面积约10万平方米的小城，城内安置陶寺中期王族墓地和兼具郊天、祭日功能的观象祭祀台。外郭城正南部为工官管理手工业区，面积超过20万平方米；正西部为普通居民区，总面积超过30万平方米。宫城内有大型夯土基址10余处，最大的1号宫殿基址面积约6400平方米，始建于陶寺早期，并于中期扩建，基址上殿堂布局比较齐整。陶寺晚期遗址距今4000—3900年，面积达300万平方米。这一时期，聚落失去都城地位，没有功能区划，聚落内部人口众多，成分复杂，缺乏有效的社会管理（何驽，2021）。

陶寺遗址城内布局有序，功能分区明显，宫殿区、贵族居住区、居民区、祭祀区、仓储区、手工作坊区等一应俱全。这些都足以证实当时的陶寺已经进入国家阶段、文明社会。陶寺文化在都城制度、宫室制度、礼制建筑制度、府库制度、住宅等级制度、丧葬制度、礼乐制度、铜礼器制度、天文历法垄断制度、度量衡制度、工官制度等诸方面的集成与创新，形成了比较系统的制度文明，全方位奠定了后世中国历代王朝的制度建设基础，

第一章 黄河流域的自然人文环境与文化概况

并形成了中国文明中制度文明传承的稳定基因（何驽，2020）。陶寺遗址对研究中国新石器时代晚期的社会性质、国家产生的历史及探索夏文化，都具有重要的学术价值。

值得一提的是陶寺遗址古观象台遗迹，总体呈多层半圆台状，整个遗迹包括外环道直径约60米，总面积约为1740平方米。台基直径约40米，总面积约1001平方米。与大城城墙相连的一段深2~3米的圆弧状夯土墙的顶端，发现了一道弧形夯土墙基础，人为挖出10道浅槽缝，形成11个夯土柱基础，加上北侧2个夯土墩形成的缝隙，形成共12道观测缝，从南向北依次编号为东1至东12。观象台由13根夯土柱组成，呈半圆形，半径10.5米，弧长19.5米。在随后的发掘中，发现了观测点，即位于圆弧几何中心附近的四层夯土圆台，最上层为中心直径25厘米的小圆台。13根夯土柱、观测缝和多层观测圆台共同组成了观象台（图1-16）。因此这是集天文观测、观象授时、太阳崇拜和礼仪祭祀于一体的多功能的建筑遗迹，既是4100年前科学技术的发展水平的标志，也是《尚书·尧典》记载的"历象日月星辰，敬授人时"的实物佐证，其科学意义重大。

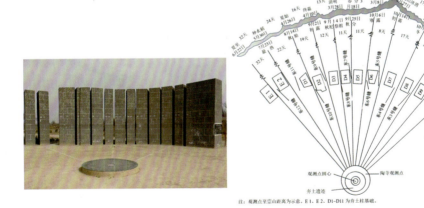

图1-16　陶寺遗址的古观象台复原与天文观测图（刘次沅，2009）

第二章

宗日文化的区域与环境背景

第一节 区域概况

一、海南州简介

海南藏族自治州是青海的 8 个地级行政区之一，州府所在地位于共和县恰卜恰镇。其名字与我国最大的咸水湖有关，因在青海湖南部而得名。素有青藏高原门户之称，是唐蕃古道的必经之地。地理坐标为东经 98°55′~105°50′，北纬 34°38′~37°10′，海南州全州共有 5 个县，分别为共和县、贵德县、同德县、贵南县、兴海县，36 个乡镇（其中 15 个镇，21 个乡），424 个行政村（其中牧业村 176 个），1341 个农牧业生产合作社（其中牧业 562 个），27 个社区居民委员会。另据 2022 年海南州统计年鉴结果显示，全州共有常住人口 45 万人，男性人口为 22.73 万人，女性人口为 22.27 万人。城镇人口 18.76 万人，乡村人口 26.24 万人，城镇化率达 41.69%。汉族人口为 100086 人，占 22.24%；少数民族人口为 349914 人，其中藏族人口为 305719 人，占少数民族总人口的 87.37%（海南州政府官网 https://www.hainanzhou.gov.cn）。

海南州属于典型的高原大陆性气候，春季干旱多风，夏季短促凉爽，秋季阴湿多雨，冬季漫长干燥。因为地形复杂，大气稀薄，干旱少雨，在低温少雨的背景下，不同的气温差异造就了独具特色的小气候特点。年平均气温 -4.6℃ ~7.2℃，年降水量 250~450 毫米。境内东部、北部及湖湿地区年平均日照 2900~3040 小时，中部和南部地区年平均日照 2690~2770 小时。全州境内以山地为主，高原丘陵和河谷台地亦可见，四周环山，盆地居中，地势起伏较大，海拔较高，虽根尔岗海拔高达5305米。该地区地貌的形成主要是造山断块抬升的山地与山间断陷盆地的差异性升降运动，造成共和盆地两侧各有一个构造带。地貌分区总共有5个，分别为共和中海拔盆地大区、共和中海拔盆地小区、贵德盆地、同德盆地、桑赤岗大起伏山地。全州的主要地貌类型是山地，占全州陆地总面积的46.7%，值得一提的是河谷阶地占全州陆地总面积的12.4%。州境内山峰起伏，有六大山脉：阿勒大湾山—日月山—南山、青海南山、河卡山、同德南部山地、鄂拉山、琼山—扎马日岗山地。

州境内河流众多，水资源丰富，主要有两大水系，分别是黄河水系和青海湖水系。其中黄河水系主要河流有黄河、多尔根河、果寿水、赛欠水、德合索水、江前水、日禾训水、中铁河、杜尔宗水、巴曲河、曲什安河、大河坝河、龙曲水、居布林水、恰卜恰河等，黄河穿越黄南、果洛两州，在与同德县河北乡多尔根河汇合口以南3千米处入境；青海湖水系主要有布哈河、黑马河、倒淌河三条河流，其中布哈河为青海湖水系最大的一条河流。境内湖泊众多，主要湖泊有青海湖、苦海、英德尔海、上更尕海、下更尕海、尕海、直亥英措湖、过哇英措湖，其中青海湖是我国最大的内陆高原微咸水湖，位于州境北部。

全州境内资源丰富，拥有风能、太阳能、矿产资源、野生动植物资源、旅游资源、水产资源等多种自然资源。因地域辽阔，太阳辐射充足，风能、光能资源丰富，其中年平均风速在3米/秒以上，可用时间频率达到60%以上；年均日照为2928.5小时，年总辐射可达6200~6800兆焦/平方米，开发利用太阳能资源潜力巨大。同时也是一个巨大的聚宝盆，全州共发现矿物种46种，最多的有色金属（铜、铅、锌）矿产，贵金属（金、银）也是海南州具有相对优势的矿产资源。据统计，海南州已上表的24种矿产资源中，有8种保有资源储量在青海省排名第一，分别是铜、锡、锑、汞、铂族、锗矿、镓矿、饰面用大理岩。特殊的地理环境孕育了独特的物种，其中野生经济植物300余种，药用植物134种，主要药材类有冬虫夏草、唐古特大黄、达乌里龙胆、雪莲、麻黄等；野生动物鸟类有110多种，兽类50多种，其中以雪豹、白唇鹿、普氏原羚、野驴、黑颈鹤、金雕、黑鹳等为主要代表。旅游资源较丰富，全州以生态美引领旅游发展，独特的社会人文景观和壮美的自然景观交相辉映。在这里可以体验木格滩沙漠之趣，观沙丘之壮阔，还可以赏"天下江河皆东去，唯有此水向西流"的倒淌河，游"青海小江南"的塞外古镇河阴镇、独特的黄河公园宗日文化遗址景区等，令人流连忘返。在这里，你也可以观看到黄河上游第一峡龙羊峡水电站，也可感受民俗旅游非遗项目贵南藏绣等历史文化之厚重。总之，海南州以独特的文旅资源，吸引着世人的目光。此外，全州水资源也十分突出，仅可开发利用的水产养殖的水域面积高达402平方千米，而黄河滩湿地也成为水产养殖业发展的主要水域。

海南州拥有明显的区位优势，地处全省的中心位置，为农业区和牧业区的过渡地带，属于"三江源自然保护区"和"青海湖自然保护区"的关键地带。其中基础设施相对完善，交通发达，电网覆盖全州，通信信号畅通无阻，为人们的生活提供了便利。中华民族的母亲河——黄河横贯境内5县20个乡镇，是"中华水塔"的重要组成部分，养育着州内的各族人民，具有极为重要的生态价值与丰富的黄河文化资源。

二、同德县简介

同德县是青海省海南藏族自治州五县之一，名字取意"边民同服中央德化"，地处海南藏族自治州东南部，东接黄南藏族自治州泽库县、河南蒙古族自治县，西邻兴海县，北邻贵南县，南望果洛藏族自治州玛沁县（图2-1，2-2）。同德县位于黄河流域上游，县境内地势边高中低，省道西久公路贯穿全境，由北向西。县内平均海拔3660米，最高海拔可达4671米，最低也有2648米。其中县城总面积有4652.8平方千米，据2022年统计，县内有2个镇3个乡73个行政村和1个乡级行政单位。同德县是一个多民族聚居区，居住汉、藏、回、蒙古、土、撒拉等民族，其中藏族人口最多，占总人口的90.3%。根据2022年海南州统计年鉴结果显示，同德县常住人口为60700人，占全州常住人口的13.48%，其中藏族人口有55771人，占总人口的91.87%（海南州政府官网 https://www.hainanzhou.gov.cn）。

第二章 宗日文化的区域与环境背景

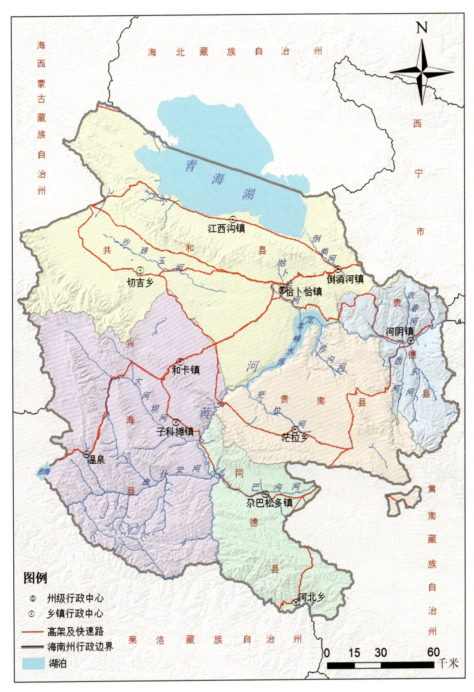

图 2-1 海南藏族自治州地图

[青海省电子地图下载服务系统 http://qinghai.tianditu.gov.cn/QhAtlas/,审图号:青S(2004)001号]

宗日文化的内涵与时代价值

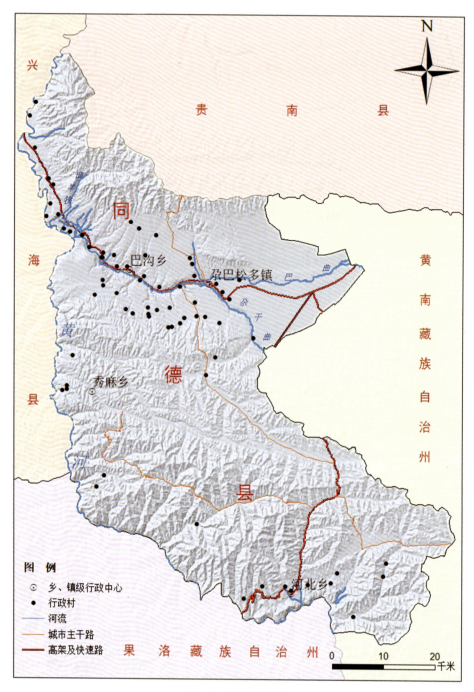

图 2-2 同德县地图

[青海省电子地图下载服务系统 http://qinghai.tianditu.gov.cn/QhAtlas/，审图号：青S（2004）001号]

同德县域属于高原大陆性气候，以温凉寒冷，气温年较差小、日较差大为主要特征，年平均气温0.4℃，年降水总量430毫米左右。黄河为主干，支流像是茂密的树枝，遍布广泛，流域面积可达5000平方千米。县内文化历史悠久，民族风情浓郁，旅游资源丰富。生态旅游以秀麻江群天然林区森林最为出名，可以体验林区的魅力，而巴沟乡团结村，是同德县以黄河为主体的自然风光最壮美的地区之一。人文资源也是种类多样，有民俗旅游如唐谷镇尕干生态游牧露营地，可以体验当地部落民族民俗文化、游牧民族文化，除此，还有一些大型演唱会、赛马会，吸引着八方游客。遗产旅游，如石藏寺、赛力亥寺等藏传佛教寺院，距今有230多年的历史，是藏族人民敬仰的古文化。考古旅游，如宗日文化遗址公园，是一个集自然观光、文化体验、生态感受为一体的综合性旅游景区。同时，在同德可以深切感受到民族团结、文化自信、黄河流域的生态保护与高质量发展理念的践行及国家政策方针的实施。同德县有关部门也将宗日文化作为同德县旅游发展的重点，建设区域文旅产业的名片。同德县地处共和盆地，是黄河流经之地，因此在生态环境治理和保护中有举足轻重的地位，其生态治理对黄河流域生态保护与高质量发展有一定的影响，又是三江源重要组成区域，因此对当地环境的保护十分重要。同德县为黄河谷地农业区向牧业区过渡的重要地带，生态区位重要，自然资源丰富，生态环境良好。境内的宗日文化历史悠久、底蕴深厚、要素多元、内涵丰富，应当充分挖掘宗日文化的科研价值和时代价值，联动丹霞地貌、草原风光等资源，努力打造具有浓厚黄河上游地域文化特色的文旅产业。

第二节　宗日文化的环境背景

青海东北部的新石器时代文化–青铜时代文化大致从仰韶文化庙底沟类型开始，经历了新石器时代晚期马家窑文化、宗日文化，青铜时代早期的齐家文化以及晚期的卡约文化、辛店文化和诺木洪文化，时间跨度为距今6000—2600年。下面介绍青海高原这段时间的气候环境背景以及植被特征。

宗日文化的内涵与时代价值

一、青海高原新石器－青铜时代的气候

根据古气候学研究，青海高原在距今6000—5300年的仰韶时期，年均气温比现代高1℃左右，年均降水量高出现代约30%，即比现代高出约120毫米（图2-3）。马家窑－宗日时期年均气温较仰韶时期有所下降，但总体比现代高约0.5℃；年平均降水量较仰韶时期也有所降低，年均降水量高出现代约20%，即比现代高约100毫米，同时马家窑－宗日时期气温与降水平均状况虽然较现代要优越，但整体已经呈现下降趋势，并且在一些时间段存在百年尺度的气候极端干冷事件。进入青铜时代前期的齐家时期，年均气温持续下降，已经降到和现代差不多的水平，年均降水也基本与现代持平。到了青铜时代后期的卡约－辛店文化时期，年均气温有所上升，约比现代高出0.5℃，但波动明显；年平均降水量基本与现代相当。

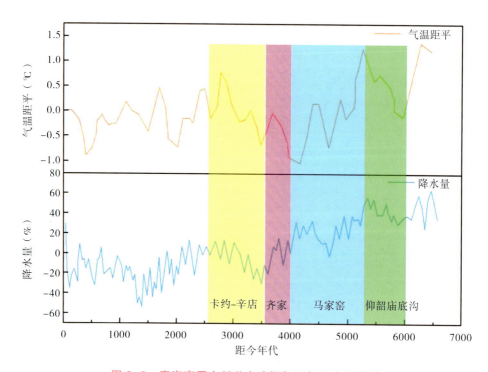

图2-3　青海高原全新世中晚期气温与降水演变图

注：气温距平——与现代年平均气温的差（李凡等，2015），降水量——与现代年均降水量之差占现代年均降水量的百分比（Yang et al，2021）

可以看到，仰韶文化庙底沟类型进入青海高原河湟谷地的时期，本区气温和降水条件都非常优越，是相对较为温暖湿润的时期，气温比现代高出1℃左右，年均降水量比现代高出40%，可谓是风调雨顺，发展农业种植最为适宜。马家窑-宗日时期气候状况总体优于现代，但是已经不如仰韶时期，气温比现代高出0.5℃左右，年均降水量比现代高出约20%，河湟谷地也较适合发展种植业。这种不断变差的趋势一直持续至齐家文化与卡约-辛店文化过渡时期，因此马家窑-宗日时期气候条件较适宜发展农业种植，但情况在不断变差，变得偏向干冷，农业种植愈来愈受限制，因此齐家时期农业比重下降，畜牧业比重则有所上升。卡约-辛店时期气候状况是气温比现代高出0.5℃左右，年均降水量与现代持平。总体气候呈现暖干状况，热量增加，降水不变，蒸发加大，湿润度降低，这样就容易引发干旱灾害，种植业发展限制因素增多。

二、青海高原新石器-青铜时代的植被

在共和盆地黄河河谷羊曲南坎沿选取剖面，共采集66个样品，进行孢粉分析，结果共包含26种科属。其中乔木花粉包括桦木属（Betula）、榛属（Corylus）、云杉属（Picea）、松属（Pinus）、榆属（Ulmus）；灌木和草本花粉包括麻黄属（Ephedra）、藜科（Chenopodiaceae）、胡颓子科（Elaeagnaceae）、蔷薇科（Rosaceae）、白刺属（Nitraria）、莎草属（Cyperaceae）、蒿属（Artemisia）、禾本科（Poaceae）、紫菀属（Aster-T）、蒲公英属（Taraxac umT）、风毛菊属（Saussurea-T）、毛茛科（Ranunculaceae）、沙棘属（HippophaeL）、龙胆科（Gentianaceae），此外，还有部分水生植被花粉以及少量不知名花粉。

根据典型花粉的生态特征，参考S地层约束聚类分析结果，将南坎沿剖面自下而上可划分为3个花粉带，其中，带Ⅱ划分为带Ⅱ-1和带Ⅱ-2（图2-4）：

带Ⅰ（距今13700—10500年），花粉总浓度（平均185.8粒/克）为剖面最低值。其中乔木花粉含量为该剖面最高值（平均33.08%），主要以云杉属（平均23.1%）、松属（平均7.6%）、榆属（平均12.3%）为主；灌木花粉含量较高（平均10.57%），主要以藜科（平均6.01%）为主，

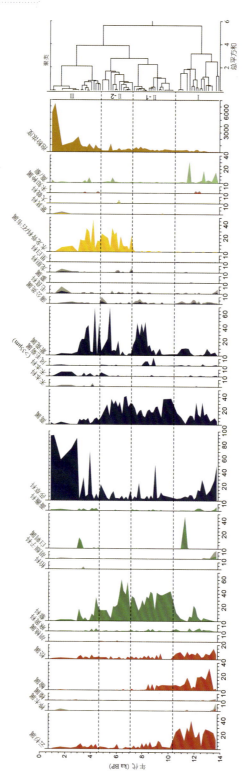

图 2-4　兴海县羊曲南坎沿剖面孢粉图谱图

其次为白刺属（平均3%）；草本花粉含量占较大优势（平均22.97%），主要以莎草属（平均13.9%）、蒿属（平均13.5%）为主，也有少量禾本科；水生植被含量极少，主要以水龙骨科为主，说明该阶段南坎沿河谷地带广泛发育有森林。

带Ⅱ-1（距今10500—7200年），花粉总浓度为（平均418.6粒/克），较前一阶段略有上升。草本花粉占绝对优势（平均44.3%），主要以莎草属（平均8.3%）、蒿属（平均21.4%）为主，另有少量禾本科、紫菀属、蒲公英属、风毛菊属、毛茛科；乔木花粉含量较上一阶段明显降低（平均11.74%），主要以云杉属（平均6%）、松属（平均3%）、榆属（平均3.8%）为主；灌木花粉相比上一阶段有所增加（平均31.55%），主要以藜科（平均31.3）、麻黄属（平均1.5%）为主；水生植被含量较前一段略有上升，说明该阶段草原面积开始扩张，森林面积开始逐渐退缩，水域面积有所扩大。

带Ⅱ-2（距今7200—4700年），花粉总浓度（平均412.9粒/克），较前两阶段略有上升。灌木含量为整个剖面最大值，主要以藜科（平均28.7%）、麻黄属（平均0.9%）为主，另有少量的胡颓子科、豆科、蔷薇科、白刺属；草本花粉占绝对优势（平均46.93%），主要以蒿属（平均28.4%）、莎草科（平均6.2%）为主；水生植被含量偏高，以水龙骨科为主（平均15.7%）；乔木花粉含量为整个剖面最低值（平均4.18%），主要以云杉属、松属、榆属为主，说明该阶段灌木广布，草原面积较大，森林基本消失，水生植被孢粉的增加说明开始发育湿地。

带Ⅲ（距今4700—800年），花粉总浓度（平均1768.4粒/克）显著上升，是整个剖面峰值所在。草本花粉含量占绝对优势（平均62.66%），主要以莎草科（平均37.8%）、蒿属（平均4.8%）为主；乔木花粉含量较前一阶段略有上升但整体较低（平均6.2%），主要以云杉属（平均3.2%）、松属（平均2.3%）为主；灌木花粉含量较上一阶段有所下降（平均11.95%），主要以麻黄属（平均1.1%）、藜科（平均7.5%）为主，以及有少量的白刺属、蔷薇科、柏科；此外，该阶段水生植被为整个剖面最大值，以水龙骨科为主（平均15.1%），说明该阶段以莎草为主的高寒草甸迅速扩展，邻近黄河的水域面积扩大。

根据南坎沿剖面中花粉的组合特征，并结合共和盆地及周边地区现代植被研究的现有认识，重建了该地区晚更新世以来的植被变化特征。

带Ⅰ（距今13700—10500年）期间，剖面花粉总浓度为整个剖面最低值，其中乔木花粉含量为该阶段剖面最高值，且云杉含量高达41%，相关研究表明，乔木中云杉与植被盖度具有很好的相关性，云杉属花粉传播距离较短，当云杉植被盖度增加时乔木花粉总含量随之增加，指示末次冰消期至早全新世羊曲河谷可能发育有云杉为主的乔木，河谷可能成为乔木植被的避难所，但由于孢粉浓度低，且植被群落较为单一，因此可以推测植被覆盖率非常低，植被总体为荒漠草原，河谷中发育有少量的云杉，指示气候冷偏干。根据达连海的孢粉记录（程波等，2010）：共和盆地周围山地森林萎缩，盆地内植被为荒漠或盖度较低的草原。云杉、松及少量阔叶树种萎缩在周围山地水热条件相对稍好的局部谷地。山坡及盆地中宽阔的河漫滩及低级阶地上发育有以胡颓子科为主的中旱生落叶灌丛。达连海周围的植被为藜—禾草—蒿—菊科—麻黄的荒漠草原，藜科含量很高，说明非常干旱，荒漠化程度较重。

带Ⅱ（距今10500—4700年）期间，剖面中草本花粉占绝对优势，平均含量为44.3%，且草本花粉组合主要以蒿属、藜科、莎草、菊科等为主，诸多研究表明蒿属、藜科是干旱半干旱地区的优势种，具有典型性和代表性，其含量的高低通常指示区域内是否发育有干旱草原或荒漠草原，但相比于上阶段，剖面乔木花粉有所减少，由此可见本阶段羊曲地区森林面积逐渐退缩，草原面积开始扩张，使得植被盖度增加，说明气温有明显上升，河谷内偏暖偏干；同时湿生植被孢粉含量增加，表明黄河沿岸湿地开始发育，也说明黄河径流量增加。达连海的孢粉记录显示盆地中的环境明显改善（程波等，2010），温度和湿度都有上升；盆地中心仍是荒漠草原植被，但盖度较上显著增加了；针叶林开始向周围山地扩张。距今7200—5700年盆地的环境达到最佳，云杉暗针叶林为主的森林覆盖率达到最高。5700年后云杉大量减少，降水开始减少；距今3900年之后湿度又有所恢复，松林扩大。

带Ⅲ（距今4700—800年）期间，花粉总浓度为整个剖面中花粉浓度最高的阶段。该阶段草本花粉含量占绝对优势，平均62.66%，且以莎草孢粉含量为主，莎草是高寒草甸的主要植被类型，与本体植被具有很好的相关性，且花粉不易传播，说明该阶段本区发育有以莎草为主的高寒草甸，指示气温明显下降，且植被盖度较高；此外，该阶段以水龙骨科为主的水生植被花粉达到了整个剖面最大值，说明该阶段河谷内水域面积达到最大，指示气候偏凉。达连海的孢粉记录也显示盆地云杉基本消失，盆地内生长着以藜科、蒿属和禾本科为主的荒漠草原，达连海周围开始发育以莎草科为主的沼泽草甸。总的来说，该段时期森林在缩小，荒漠草原在扩大，说明环境已向凉干方向发展。

综上所述，南坎沿和达连海的孢粉记录反映了共和盆地全新世中期不同阶段的植被变化。结合前人研究总体来看，虽然植被群落较为单一，但进入全新世以来以阜原植被为主，植被覆盖率较高，适宜野生动植物生存，也成为史前人类频繁活动和定居的理想区域，为高原细石器采集狩猎人群和低海拔河谷农业种植人群的交流和融合提供了必要条件。

第三章

宗日文化的来源

第一节 青藏高原东北部的细石器文化

我们知道青藏高原最新的科学研究已经发现了更新世中期的人类活动遗存，但是限于篇幅和主题，我们重点讨论距今16000年前以来的人类活动。地球上最近一次冰河时代最寒冷阶段发生在距今20000年以前，距今16000年以前开始逐渐升温，就在冰河时代即将结束的距今13000年以前，地球环境又进入比较严酷的冰河环境，这次变冷事件被称为新仙女木事件。从距今11500年全球环境开始结束冰期，进入间冰期，全球气温迅速上升、降水增加，青藏高原植被整体由原先的荒漠向高寒草原和草甸演变，地质学上把距今11500年以前以来的间冰期称为全新世。全新世气温可以大体划分为三个阶段，距今11500—8900年以前的全新世早期为波动升温期；距今8900—4000年为中全新世暖期，此阶段气温高出现代1℃上下，其中距今8000—6400年是全新世大暖期鼎盛期，气温高出现代1.5℃左右；距今4000年以来全新世晚期为变冷期，气温与现代持平。下面我们来叙述距今16000—6000年的青藏高原东北部的细石器人类活动。

一、青藏高原东北部早期的细石器活动

想说清宗日文化的来源，要先从高原腹地的细石器狩猎采集者发展历史说起。本文所说的细石器文化特指距今16000—6000年以前青藏高原以细石器工具为主的狩猎采集文化，属于旧石器末期或新旧石器过渡时代，没有大规模发展农业、制作陶器和实现定居的，未完全进入新石器时代的文化形式（图3-1）。

第三章 宗日文化的来源

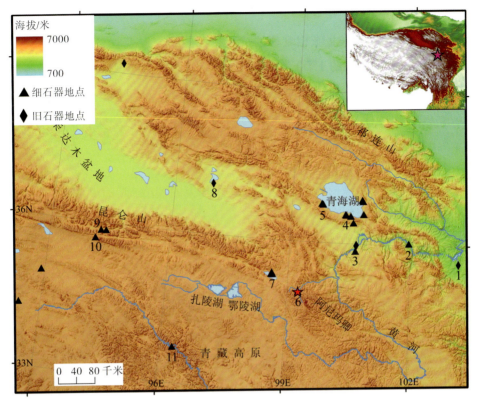

图 3-1　青藏高原东北缘旧石器–细石器遗址图

旧石器：1. 下王家（17417±574 cal.a BP）；细石器：2. 沙隆卡（8320±73 cal.a BP）；3. 拉乙亥（7600±143 cal.a BP）；4. 江西沟 1 号（14560±346 cal.a BP）；5. 黑马河（13020±80 cal.a BP）；6. 下大武（11289±69 cal.a BP）；7. 冬给措纳湖诸遗址；8. 小柴达旦湖（9.2±0.9ka）；9. 野牛沟（7675±40 cal.a BP）；10. 西大滩（8.2–6.4 ka）；11. 参雄尕朔（8091±77 cal.a BP）

> **小贴士**
>
> 　　全新世是指距今 11500 年以来的地质时代，此前为气候冷干的冰期，此后进入暖湿的间冰期。随着气候变得暖湿，全球植被生产力增加，极地冰川退缩，植被带系统北移，人类社会有个相对较好的自然环境条件，获得愈来愈快的发展，并进入了新石器时代、青铜时代、铁器时代、电气时代和信息时代。

宗日文化的内涵与时代价值

1. 下王家遗址

在与青藏高原东北缘相毗邻的黄土高原西缘，发现甘肃临夏东乡下王家遗址，这里海拔大约1500米，发现了距今17000年左右人类活动遗迹，标志着末次冰盛期（LGM）刚刚结束，青藏高原东北缘的毗邻地带已经出现了古人类活动的早期证据。很显然，与下王家自然地理环境类似的青藏高原东北部的河湟谷地也有可能有同时期的人类活动。

2. 环青海湖细石器遗存群

位于高原东北缘的青海湖是中国面积最大的湖泊，湖面海拔3196米，它是中国最美的湖泊之一，这里不仅有壮美的自然风景，更是人类活动的圣地。环青海湖的湖滨阶地，尤其在湖盆与周围山地过渡地带，发现了一系列早期人类遗迹，表明青海湖在过去两万年来人类向青藏高原进军的行程中可能扮演了枢纽和中转站的作用，是青藏高原早期人类的摇篮之一（张东菊等，2016）。AMS14C测年结果表明史前人类在距今15000—10000年间活动，属于旧石器范畴，一些遗迹表现为持续有人类活动，甚至在末次冰消期中冰期环境新仙女木事件（YD）（距今13000—12000年以前）中都有人类活动，铜线遗址就是如此，测年表明人类活动正处于YD冷期，人们仍在环境较为严苛的青海湖盆地活动，火塘油脂分析表明当时人类可能只扑食到小型的非反刍类动物野兔之类的猎物，勉强果腹度日，有些遗存一直延续至新石器、青铜时代。环青海湖人类遗迹群主要有黑马河1号、江西沟1号、铜线、娄拉水库、沟后1号遗址等地点。典型遗址江西沟1号位于拔湖湖面以上118米的江西沟沟口古湖滨阶地上，发现有古人类留下的遗存，出土了用于制造石核等石器的副产品（图3-2），并有用于加热食物的烧石及动物碎骨，年代为距今14900—14100年；黑马河1号位于青海湖湖畔西南的黑马河镇，在湖滨阶地的黄土沉积内，发现石核、石片等石器以及可能属于中型哺乳动物的碎骨，年代为距今13100—12900年。推测环青海湖晚更新世遗迹多为人类在高原的小规模、短时间、季节性的狩猎采集与宿营活动，这一特征符合晚更新世末期人类的随机狩猎活动特征。另外，环青海湖人类遗迹中发现的细石器及其制作技术，与中国北方地区同时期的细石器工业大体一致（仪明洁等，2011），指示青藏高原东北缘早期人类活动与中国北方黄土高原的人群联系紧密。

第三章 宗日文化的来源

图 3-2　江西沟遗址的细石器图（左细石叶，右细石核）

在具有地层堆积的细石器遗址中，地层中往往发现较多的动物碎骨，比如江西沟遗址中发现的骨骼碎片一般不超过 1 厘米，说明人群对动物骨骼的利用几乎达到极限，最大程度吸食骨骼、骨髓，同时部分骨片上有人工切割痕迹，经鉴定，这些骨骼基本属于野生动物（表 3-1）。此外，环

表 3-1　JXG2 剖面人类活动指标表

层位（厘米）	层位中值年代（cal ka BP）	石器数（件）				骨头数（个）		鉴定动物骨骼（个）			陶片数量（个）
		细石叶	石核	其他石器	总计	总质量	总数	羊	羚羊	鹿	
10~20	1.2	5		11	16	2.43	22				0
20~30	2.2	11		29	40	0.85	9				0
30~40	3.1	11		34	45	1.22	18				2
40~50	4.0	15		30	45	2.59	36				4
50~60	4.9	26		38	64	12.37	100				1
60~70	5.9	35	1	64	99	47.64	403				1
70~80	6.9	20	1	54	74	79.12	416			3	1
80~90	7.8	50		70	125	68.85	310	1	2	1	
90~100	8.8	9		59	68	36.59	195				
100~110	9.7	10		128	138	33.2	140	1			
110~120	10.6	6		23	29	9.86	44	2			

注：层位中值年代为根据建立的深度 – 年代关系推算的层位中间值的年代。

青海湖细石器遗存群中普遍发现火塘，以铜线遗址为例，在约500平方米的区域内发现有9个火塘，火塘用多块10~20厘米的石块围成近似圆形，直径约50~70厘米，火塘内有黑色发亮的火烧土、炭屑等，说明利用火塘烤烧过油脂状物质（图3-3）。火塘周边多分散有细石器制品，说明铜线具有细石器狩猎采集人群中心营地性质，细石器人群遗址具有以火塘为中心的空间布局与行为方式。

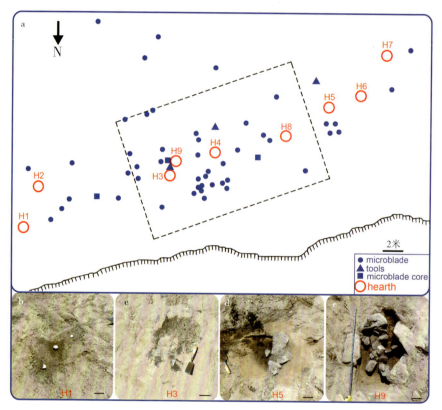

图3-3　铜线遗址火塘及其空间分布图（Han et al, 2023）

3. 下大武遗址

下大武遗址位于果洛州玛沁县阿尼玛卿雪山西南麓，这里是典型的青海南部高原，也属于高原腹地。地理位置35°0′7″N，99°15′38″E，海拔3988米；处在黄河二级支流清水河西岸的阶地上（图3-4），阶地高出河床约15米，遗迹在阶地南部。阶地堆积物具有明显的二元结构，上部是约3米的风成黄土状堆积物，3米以下是砾石层。

第三章 宗日文化的来源

图 3-4　下大武 1 号（XDW1）位置及剖面图
a. 位置及地貌；b. 剖面中的灰烬层；c. XDW1 剖面及年代

剖面中出土有一定数量的细石器，这些石制品原料以黑色燧石、黑色石英砂岩为主；以小石片为主，多采用锤击法打片；第二次修理不普遍，多由劈裂面向背面加工，石叶制作为间接压剥法，下大武细石器与青海省其他地区和藏北地区细石器技术基本一致（图 3-5）。在剖面 103 厘米深度发现有呈水平分布的灰烬层，对其电镜分析表明有火烧后木材的纹理，并发现有火烧后灰烬的集结和结块，证明该层为利用木材燃烧后留下的灰烬层，该灰烬层显然与人类用火有关。对灰烬层炭屑测年结果为距今 12000 年左右，这是目前青藏高原海拔 4000 米区域发现的较早的细石器人类活动证据。下大武的细石器人类活动主要集中在两个时段，分别是全新世早期的距今 11200—10000 年和距今 7200—6000 年。全新世早期如果说细石器活动在高原腹地已经出现，那么可能反映了细石器人群对高原腹地的早期探索；在全新世中期的暖期鼎盛期，细石器活动在高原已经非常普遍，说明细石器人群已经完成了对高原的适应与占据。

4. 拉乙亥遗址

拉乙亥遗址实际上也是遗址群，位于青海省贵南县拉乙亥乡，坐落于共和盆地东部的黄河干流的二级阶地上（图 3-6）。1980 年在该地区类似层位发现了 6 个文化性质相似的遗址，并对编号为 8021 的地点进行系统

宗日文化的
内涵与时代价值

图 3-5　XDW1 剖面中发现的细石器图
a.c 细石叶断片；b.d.e 石片；f.g 刮削器

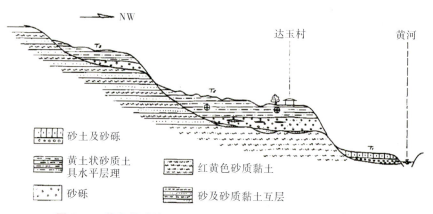

图 3-6　共和盆地拉乙亥遗址地形剖面图（盖培等，1983）

发掘,经发掘,8021地点地层剖面分为三层,发现火塘、房址等遗迹(盖培等,1983)。出土遗物具有旧石器时代晚期文化特征,石器以打制为主,细石器最为丰富,但也有少量新石器文化因素,没有出土陶片,故属于新旧石器过渡时期。出土的1489件文化遗物中,石制品1480件,骨制品7件,装饰品2件。石制品中石锤10件、石核50件,细石片1052件,细石叶306件(图3-7),刮削器33件、砍砸器4件等,其中出土了石磨盘3件(2件残,1件完整)、石磨棒8件。遗址出土的动物骨骼主要为环颈雉、

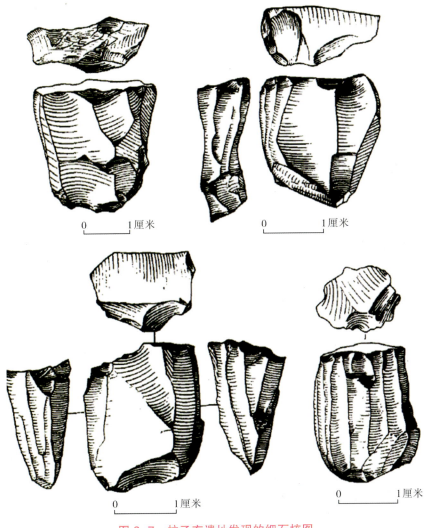

图3-7 拉乙亥遗址发现的细石核图

鼠兔、沙鼠、喜马拉雅旱獭、狐、羊（无法鉴定是否驯化）。遗址炭样品14C年代为距今6700多年，经校正日历年为距今7600年。由于该遗址就位于共和盆地中心地带，又依偎在黄河干流南岸，因此与新石器时代的宗日文化可以说渊源非常深远，说明早在全新世中期，盆地内活跃着细石器人类活动，并且在遗址上发现的石磨盘和上下层位堆砌的多个火塘，说明该遗址虽然为比较单纯的细石器遗存，但其独特之处在于此处发现了石磨盘和石墨棒。通过对石墨棒和石磨盘上残留的淀粉粒进行分析，研究人员发现它们主要用于磨制粮食（粟），且这些粮食是人工栽培的（图3-8）。这一发现表明，即使在整体上拉乙亥遗址仍然属于细石器文化阶段，但已经出现了新石器时代的因素，这个时期也可以被称为中石器时代，标志着旧石器时代向新石器时代的过渡。另外，人口流动性减弱，以一个季节性居住的中心为营地，这些都是新石器因素，为共和盆地全面进入新石器时代打下了坚定的基础。因此共和盆地进入新石器时代，并非一蹴而就，而是有一个相对漫长的孕育、发展与演变过程。

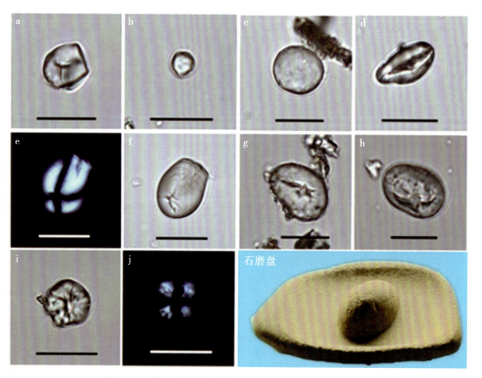

图3-8　拉乙亥磨盘与表层残留物提取的淀粉粒图

5. 沙隆卡遗址

2016年青海省文物考古研究所在沙隆卡遗址核心进行挖掘。依据层理、结构、粒度和颜色等，对沙隆卡遗址探方进行详细的观测和描述，野外初步判定剖面沉积单元的沉积相属性并划分相应的遗址地层单元。总体上，沙隆卡遗址剖面厚度均约420厘米，探方从上至下被分为30层。由于少量地层单元内部考古遗存、颜色和岩性存在细微差异，故进一步被细分为亚层（如5层分为5a和5b）。可将沙隆卡遗址分层介绍如下：探方1~4层（0~78厘米）以粉砂成分为主，受后期人类扰动较大；第5层（78~90厘米）以粉砂成分为主；13层（238~268厘米）也以粉砂成分为主；17~19层（292~318厘米）、24层（345~368厘米）和29层（388~403厘米）为砂质粉砂层；其余地层如6~12层、14~16层、20~23层、25~28层和30层为淤积层（砂质粉砂）或洪积层（砂质组分为主）或两者交互，个别层位出现大小不一的砾石。

大体来看，1~2层为历史时期至近现代人类活动层，3~4层为齐家文化堆积，5层含有马家窑文化层，13层为仰韶文化庙底沟类型地层，17~29层为以细石器为主的文化层、中间有多层洪积层打破人类的文化堆积（表3-2，图3-9）。从测年来看，细石器文化层活动年代为距今8500—8200年和距今8000—7300年，仰韶文化为距今5900—5300年。需要注意的是在17层出土有陶片，测年结果显示年代在距今7800—7700年；在19层发现有7个呈弧形规则排列的柱洞，这说明居址或者动物畜棚等可能与人工建筑有关（肖永明，2013）。最早的陶片和柱洞都出现在细石器文化层，说明沙隆卡遗址虽然也是细石器为主，但是已经呈现出新石器的陶器和人工建筑等遗存特征，说明细石器文化中已经渗入了部分新石器文化因素，可以推测，该时期黄土高原的大地湾文化可能对河湟谷地细石器文化产生影响，二者之间可能在距今7800—7700年已经发生文化互动、交流与交融。

宗日文化的内涵与时代价值

表 3-2 沙隆卡遗址剖面地层信息表（Gao et al，2022；）

深度（厘米）	地层划分	年代	剖面特征	考古发现
0~50	1~2		灰褐色粉砂	历史时期至现代人类活动堆积，20厘米以上含较多植物根系
50~78	3~4		灰褐色粉砂	第4层有少量齐家文化陶器，应为后期次生堆积
78~90	5	距今4019—3885年（5b层）	灰褐色粉砂	许多齐家文化陶器和马家窑文化马厂陶器，还发现房址、灰坑、灰沟和柱洞等
90~238	6~12	距今5746—5595年（6层）	棕黄色粉质砂和细砂层互层，偶见植物根	未发现
238~268	13	距今5900—5100年	灰褐色粉砂	仰韶文化庙底沟类型的陶片、陶环、石环和少数细石器制品
268~292	14~16	距今7517—7429年（14层）	粉砂层，底部到顶部由淤土层转变为自然层	未发现
292~318	17~19	距今7961—7470年	灰黄色粉砂层	石制品分布区域相对集中，出土400多件细石器，包括石砧、细石核、细石叶、石片和碎屑；在底部发现7个呈线性排列的柱洞
318~345	20~23	距今7787—7659年（20层）	暗红色砂质粉砂层	顶部有少量炭屑，无文化遗物
345~368	24	距今8013—7420年	乳黄色粉砂	1个火塘，周围有少量石块
368~388	25~28	距今7841—7682年（26层）	淤土层，粉砂质砂	未发现
388~403	29	距今8504—8308年	砂质粉砂层	零散分布有断块、细石叶等
>403	30		棕灰色砂质土壤	未发现

第三章 宗日文化的来源

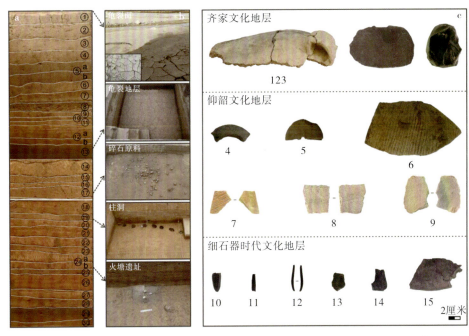

图 3-9 沙隆卡遗址地层剖面和出土的文化遗物图（Gao et al, 2022）
（a.沙隆卡遗址剖面；b.考古地层；c.古地层遗物）

二、青藏高原细石器文化中的新石器文化因素

在人类发展历史上，不同阶段的人类活动具有显著的继承性和延续性，全新世早中期的青藏高原正是处于新旧石器过渡阶段，因此人类行为模式是由狩猎采集向农业、由游猎向定居、由季节性营地向定居聚落过渡阶段，具有明显的过渡性、继承性和延续性特征。

当我们的脚步踏入青藏高原的东北边缘，这里的地理和文化景观被分为三个独特的区域：黄土高原区、青藏高原东北过渡区以及青藏高原区。在时间的长河带中我们回到了距今 8000—7000 年前，那时大地湾时代（甘肃清水河流域附近）正盛，标志着西北地区迈入了新石器时代的门槛（图 3-10）。这一时期，见证了古人类文化从原始狩猎采集，到成熟的狩猎采集，再到原始农业和仰韶时期的多阶段发展。特别是在距今约 8000 年以前，大地湾时代的人们已经开始制作彩陶，他们在陶罐口沿上巧妙地涂上了一抹红色，为陶器增添了生动的艺术魅力。

宗日文化的内涵与时代价值

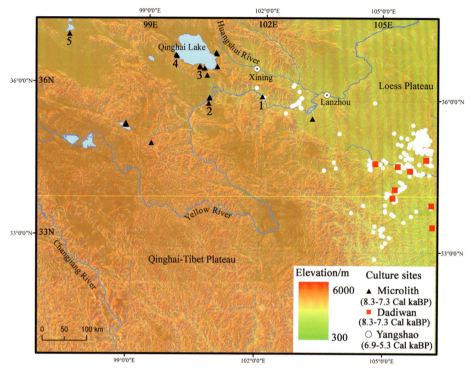

图 3-10　距今 8000—5000 年青藏高原细石器与黄土高原新石器时代文化遗址图

　　将大地湾时代的黄土高原地区与同时期的青藏高原相比较，我们可以看到两地文化发展的显著差异。在那个时代，青藏高原还盛行着典型的细石器文化，而黄土高原已经跨入了新石器时代的门槛。这一文化差异不仅显现了不同地区在同一历史时期的发展不均衡性，也反映了地理环境对人类文化演进的深远影响。

　　拉乙亥遗址石磨盘上粟黍等植物粮食的发现引发了一个重要的问题：这些粮食的来源是什么？一种可能性是，这些粮食来自于海拔更低、气候更温暖的地区，可能是通过早期形式的贸易或文化交流获得。这意味着，即便在这一地区尚未完全进入农业时代，当地居民已经开始接触并采用了农业生产的某些形式。这也暗示着青藏高原的居民不是完全孤立的，他们与外界，特别是与黄土高原地区的早期农业社会之间可能存在着某种程度的互动和交流。

　　此外，这种发现对于理解青藏高原地区从狩猎采集生活方式向农业生

第三章 宗日文化的来源

产方式转变的过程具有重要意义。它不仅展示了当地史前社会的技术和生活方式的演变，还为研究该地区古代人群的社会结构、经济活动和文化交流提供了珍贵的线索。因此，拉乙亥遗址成了理解青藏高原早期历史的一个关键窗口。拉乙亥遗址中出现的7600年前的粟黍证据可能是与黄土高原史前文化（如大地湾文化）之间交流的直接结果。这表明，早在7600年前，典型的共和盆地的细石器狩猎采集者与黄土高原的新石器农业种植者之间已经建立了一定的联系。这种交流虽然在类型上单一，形式上分散，规模和影响相对较小，但它标志着两种截然不同的生活方式和文化之间的初步互动。

重要的是，这种交流并未立即引起青藏高原细石器狩猎采集人群的生活方式和文化模式的根本变化。然而，它确实揭示了高原史前文化与黄土高原史前文化之间的初步联系。这种早期的接触和互动为后来仰韶文化的到来和高原细石器文化与黄土高原仰韶文化的深度融合奠定了基础。随着时间的推移，这种文化交流和融合逐渐加深，最终促进了区域内社会结构和经济模式的演变，对整个区域的文化发展产生了深远的影响。

因此，拉乙亥遗址的这一发现不仅揭示了当地史前居民的农业活动，还反映了青藏高原地区与黄土高原之间的早期文化互动。这种交流的发展对于理解中国北方地区早期农业社会的形成与演变具有重要意义。这丰富了我们对古代文明的认知，为理解人类早期社会在不同环境下的交融与发展提供了新的视角和灵感。

沙隆卡遗址的发现暗示，在青藏高原冬季适宜活动区无疑是在距今8500—6000年细石器活动冬季安营扎寨的最佳区域。同时，冬季活动区由于分布有大量的新石器时代遗址，新石器时代遗址则很可能是前期细石器冬季营地演变而来，沙隆卡遗址中最早的新石器文化是仰韶文化，它也是青藏高原出现的最早的新石器文化，该文化层里发现了大量的细石器制品，说明高原早期的新石器文化是与当地的细石器活动融合的产物，这种情况在高原新石器文化并不鲜见，宗日文化和卡若文化被认为是有浓厚高原土著性质的新石器文化，均是受马家窑文化的强烈影响，细石器在二者石器中占有相当比重。此外，沙隆卡遗址仰韶文化地层是叠压在细石器文化层之上，尽管中间夹杂有洪积层，这也说明是由细石

宗日文化的内涵与时代价值

器活动的冬季营地演变为新石器时代的定居聚落。因此细石器活动环境条件相对较为优越的冬季营地，则演变为新石器时代的定居聚落，高原上的冬季适宜活动区和冬季活动区应该是细石器活动冬季营地可能分布区域。而面积广阔的、海拔较高的过渡区、夏季活动区和弱活动区则是夏季营地适合分布区域。

在距今8000年以前出现全年在高原活动的人群，这与低海拔农业人群的竞争挤压有关，因为与高原东北部毗邻的黄土高原，该时期已出现以农业种植为主的新石器时代大地湾文化，为避免与农业种植者的生存竞争，也为保持细石器狩猎采集传统，青藏高原出现了全年在高原活动的占领者。此外，全新世暖期适合的环境条件也驱动了细石器活动在高原的兴盛，需要注意的是，弱活动区现今鲜有人类活动，但也发现不少细石器遗存，而目前测定的高原细石器遗存时代大多为全新世中期，这与全新世大暖期的气候条件有关，适宜的气候使得弱活动区也存在细石器活动。

小贴士

大地湾文化是指西北地区最早的新石器文化，是仰韶文化的重要源头之一，开创了中国西北地区新石器文化的曙光。活动年代距今8200—7300年，主要分布在渭河中上游，在西北地区最早实现定居，发现有半地穴式圆形房址和圆形或椭圆形的窖穴，有长方形竖穴土坑墓，单人仰身直肢葬，随葬有陶器等。磨制石器有石铲、长方形石斧、石刀，并伴有细石器，表明当时生产活动既有农业种植，也有狩猎采集。种植黍，是中国旱作农业黍、稷等农作物的发祥地，奠定了农业起源地的基底。畜养有猪、狗、鸡和黄牛等，生产陶器中以夹细砂红褐陶和夹细砂灰褐陶为其特色，有圜底钵、三足钵、圜底碗、筒腹平底罐和筒腹三足罐等器型，并生产西北地区最早的彩陶，彩陶纹饰虽然简单，但开创了西北地区彩陶的先河，以交错绳纹、波折形堆纹和红彩宽带纹为纹饰。

第二节　细石器与种植者的初遇

一、青藏高原细石器文化特征

青藏高原是世界上海拔最高的高原，具有寒冷缺氧、紫外线强、食物资源匮乏等特点，这里虽然自然环境极端恶劣，但是却有着十分丰富的动物资源。距今16000—6000年以前人类在青藏高原这样的极端环境下，是以狩猎采集经济为基本的生存方式，主要猎捕中小型动物。因此青藏高原地区广泛分布着以细石器为主要生产工具的高原人类遗留下来的细石器文化遗存。这类遗存所处社会面貌大概是旧石器时代最末期，即将进入新石器时代的新旧过渡时期，广义上看还是属于旧石器的范畴。

> **小贴士**
>
> 旧石器时代指距今600万—1万年（地质时代属于上更新世晚期至更新世），以使用打制石器为基本工具的人类社会文化发展阶段，其生产方式主要为狩猎采集。根据打制石器技术，先后经历奥杜韦、阿舍利、勒瓦娄哇、石叶和细石器等阶段。
>
> 新石器时代为距今10000—4000年。随着全新世的到来，人类社会开始利用磨制石器从事原始农业与种植，并制作陶器、出现定居村落，氏族制度的形成等。

青藏高原细石器人群是以狩猎采集为基本的生业模式，居住在临时搭建的帐篷或山洞里，狩猎采集的主要工具为细石器和打制石器，并使用火塘取暖以及烧烤食物，可以把这类人群称作细石器狩猎采集人群。

不同时代、不同的生业模式，会留下不同的考古遗存。流动栖居和定居性的社会群体都会在聚落遗留下不同特征的考古遗存，细石器采集狩猎人群以猎物为捕猎目标，而野生动物随着季节变换，有规律地季节性迁徙如美洲戴氏盘羊的迁徙（图3-11）。因此细石器人群为了寻找充足的食物资源，频繁地更换住所，可以称之为营地，营地又根据季节分为春秋营地、夏季营地和冬季营地；根据规模可以分为中心营地和临时性营地，由

宗日文化的内涵与时代价值

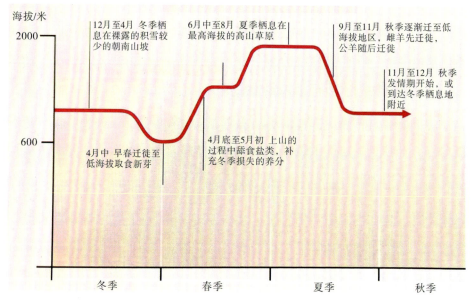

图 3-11　美洲戴氏盘羊典型的季节性迁移图（科斯蒂尔，2011）

于频繁迁徙，一般不会建造房屋（赵潮，2003），营地规模也非常小，面积范围一般不大，遗存也比较简单，常见的是火塘及其散落细石器制品，有些也保存有动物骨骼，但是高原强烈的外力作用，使得多数细石器遗存直接暴露于地表，我们能看到的仅是火塘和遗留的石器。新石器时代则不然，开始定居，并形成稳定聚落，建造固定的房屋，使用磨制石器和陶器，种植粮食。因此房屋、陶器、种植等是判断人群是否定居的最直接证据，然而，迄今为止距今6000年以前的青藏高原上并未发现明确的房址遗迹，据此可以推断出当时的细石器人群并没有开始定居生活，而是从事季节性的狩猎采集经济，这种经济随着季节的变化而不断地迁徙移动，以获得更多的食物来源（周存云，2020），具有临时性或季节性，长距离、大范围迁移的特点。根据民族学推测，青藏高原细石器狩猎采集者一般居住在小型的临时性营地或季节性营地中。一年有春、夏、秋、冬四个营地，其中冬季营地和夏季营地最为重要，春秋两个营地作为过渡，冬季营地一般在海拔较低的地方。相对来说，海拔越低温度就越高，随着一年物候的变化，4月份中下旬人群由冬季营地向海拔较高的春季营地进发，到了盛夏的6—8月，到达海拔最高的夏季营地，并度过夏季；9月份中旬，天气变冷后细石器人群从高海拔夏季营地迁徙到低海拔的秋季营地，并在 11 月份左右到达海拔最低、相对温暖的冬季营地过冬。在海拔最高的夏季营地，设有中心营地，团队成员分成若干捕猎小组，分头猎捕，猎获后回到中心营地加工消费，当然如果路途遥远，可以设置临时营地，做短暂的停留和休憩。总之，当时的细石器狩猎采集者只有四季营地，没有固定的居所，还没有开始定居。例如沙隆卡遗址可能是细石器狩猎采集者的冬季营地，因为低海拔地区河谷地带冬季相对暖和，到夏季时人群又去到高海拔的地区安营扎寨，环青海湖畔发现不少细石器遗址，很可能是夏季营地，因此在日月山或附近其他地方或可能存在秋季或春季营地，只是暂时还未发现。

目前，青藏高原细石器文化的晚期发现少量的新石器文化因素，包括使用陶器。但这也能说明高原上的狩猎采集者有使用陶器，只是当时使用的陶器器型很小，发现的陶片很小、很少，说明使用规模也非常有限。距今 7600 年以前的拉乙亥遗址是青藏高原地区发现较晚的细石器遗址，在出土的文化遗物中，未发现陶器和磨光石器等新石器时代的典型标志（盖培，1983）。但是出土了高原早期文化遗存鲜见的石磨盘和石磨棒，说明细石器时期的狩猎采集者已经食用了种植的粮食，这并不排除细石器的人已经在种植粮食，只是没有进行大规模的种植（侯光良，2017）。拉乙亥遗址出现了 7600 年前的粟黍，应该是细石器文化和黄土高原史前文化（大地湾文化）交流的结果，所以早在 7600 年前典型的共和盆地的细石器狩猎采集者已经和黄土高原新石器农业种植者产生了联系，甚至已经开始交流，但这种交流在类型上是单一的、形式上是分散的、规模是小的、影响是小的，并未对青藏高原细石器狩猎采集人群产生翻天覆地的变化，这也说明高原史前文化一直和黄土高原史前文化有联系，而这种联系为后世仰韶文化的到来，高原细石器文化与黄土高原仰韶文化的融合，打下坚实基础。

小贴士

细石器文化是指以使用形状细小的打制石器为标志的人类物质文化发展阶段。用打击法打出细石核、细石叶及其加工品。出现于旧石器时代晚期，盛行于新旧石器过渡时代。

宗日文化的内涵与时代价值

二、黄土高原新石器文化

黄土高原位于黄河流域的中上游地区，这里黄土广布，沉积也厚，是世界上最大的黄土沉积区，为耕作提供了良好土壤；此外这里海拔适中，约在1000~1500米，年均气温在6℃~12℃，年均降水量400~800毫米，属于暖温带半湿润、半干旱气候，暖湿较为适宜，日平均气温≥10℃，积温在1500℃~4500℃，比较适宜温带作物的生长。因此黄土高原地区很早就有人类活动，养育了以旱作农业为主要生计方式的古老人群，更是孕育了早期文明，具有悠久的新石器文化历史，分布着大量的新石器文化遗址。

与旧石器时代相比，新石器时代以磨制石器为标志，其生业模式较旧石器发生了很大的转变，由移动式的狩猎采集经济转变为定居式的农业种植经济。原始农业的发展、磨制石器和彩陶的出现、定居形成聚落、建造房屋以及开始驯养家畜是新石器时代最显著的文化特征（图3-12）。仰韶文化是中国北方新石器时代的代表，活动时间距今7000—5000年，主要分布在关中盆地、黄土高原等的黄河中下游地区。仰韶文化又可以划分为半坡时期（距今7000—6400年）、史家时期（距今6300—5700年）和庙底沟时期（距今6000—5000年）等发展阶段。半坡类型主要分布在渭河流域、豫西和晋南的三门峡地区，其影响南达汉水上游，西至洮河，北抵河套。史家类型分布范围大致和半坡相同，只是在关中地区南北侧有所扩大。最主要的扩张发生在庙底沟时期，其分布中心是渭河流域、豫西和晋南地区，但其分布范围西至青海东部，东达黄河下游地区，北抵内蒙古南部和赤峰地区，南至汉水流域，在庙底沟时期仰韶文化发展到鼎盛（张之恒，2004）。仰韶文化先民在黄河及其支流两侧平坦的河流阶地形成稳定聚落，房屋主要有圆形或方形；以种植粟类作物为主原始的锄耕农业，饲养有猪、狗等家畜，也兼营渔猎；有石铲、石锄、石斧、石刀和石磨盘等磨制石器生产工具。制陶业发达，陶器为泥质细陶，陶器造型优美，最为典型的器型是尖底瓶，当时的制陶技艺十分发达，并绘制复杂的纹饰，制作出十分精美的彩陶，纹饰包括几何形和动物形纹饰等，尤以人面形纹、鱼纹、蛙纹与鸟纹等最为逼真生动，达到史前艺术的巅峰；发达的彩陶文化是黄土高原地区成熟旱作农业文化的反映，因为只有在定居、农业程度较高的社会，才能有制作彩陶需要的优裕时间，并利用彩陶去储存粮食等器具，达到实用与艺术的完美结合。仰韶文化具有强大的生命力，对周边文化和中华文明的形成产生了重大影响。

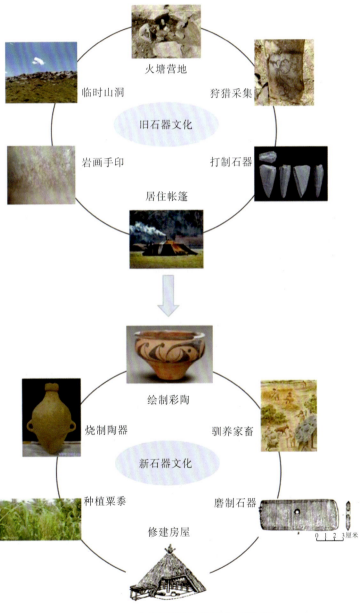

图 3-12　新旧石器文化特征对比图

宗日文化的内涵与时代价值

> **小贴士**
>
> 磨制石器指表面磨光的石器。先将石材打成或琢成适当形状，然后在砥石上研磨加工而成。种类很多，常见的有斧、锛、凿、刀、镰、镞等。中石器开始出现局部磨光的石器。新石器时代广泛使用通体磨光石器，到了铜器时代仍继续使用，兼有兵器与工具双重功能。

三、仰韶文化在青海东部的分布

成熟的粟黍旱作农业在仰韶文化庙底沟时期达到了巅峰。农业水平的提高，粮食产量的增加，能养活更多的人口，于是在仰韶文化庙底沟时期，粟黍种植者人口增殖导致人群向周边区域扩张，约在距今6000年以前，来自东部黄土高原的仰韶文化开始沿着黄河谷地向青藏高原东北部扩张（图3-13）。仰韶文化向西拓展到青海东部的黄河流域，这里是仰韶

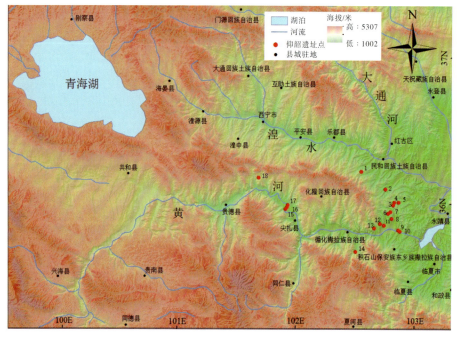

图3-13 青海东部地区仰韶文化遗存分布示意图（肖永明，2013）

1. 崖家坪遗址；2. 哈家遗址；3. 肖家遗址；4. 阳洼坡遗址；5. 杨家泉遗址；6. 白崖子沟遗址；7. 芒拉张家东遗址；8. 附加台遗址；9. 峡口大庄遗址；10. 峡口老庄遗址；11. 胡李家遗址；12. 胡热热遗址；13. 尕玛卡遗址；14. 红土坡遗址；15. 沙隆卡遗址；16. 安达其哈遗址；17. 格尔麻遗址；18. 角家墓群

文化分布的最西端,也成为黄河流域史前文化圈的重要组成部分,也标志着青藏高原东北部开始进入新石器时代。仰韶文化的扩张给青海带来了成熟的粟黍旱作农业、灿烂的彩陶技术、定居和聚落等,促使高原东北部的河湟谷地成为青藏高原率先进入新石器时代的区域。

黄河上游河湟谷地典型的仰韶文化庙底沟类型遗址包括安达其哈、阳洼坡遗址、胡李家及李家台遗址,主要分布在民和、循化和化隆的黄河主流两侧平坦的河流阶地上,湟水河谷也有少量分布;目前数量有18处,其中安达其哈遗址(图3-14)是仰韶文化分布的最西端,它实际上与沙隆卡同属于一个遗址,只不过为了区别把细石器遗存称为沙隆卡,把新石器的遗存称为安达其哈。安达其哈位于青海省海东市化隆县群科镇黄河以北约1.5千米的安达其哈村西,海拔2030米,遗址面积约2.4万平方米。考古发现庙底沟时期房址19座、灶坑6个、灰坑30个、窑址2个等文化遗存及丰富的文化遗物,房址的发现证明这是青藏高原最早实现定居的地点,可以称作是"青藏高原第一村",拉开了高原进入新石器时代的序幕,标志着青藏高原文化发展与演变达到新高度,具有划时代意义!安达其哈遗址出土了不少陶器与陶器碎片,有尖底瓶,小口、双唇,器身为斜绳纹,尖底瓶是仰韶的文化象征;还有彩陶片,纹饰为圆点纹、弧线三角纹、弧线纹、垂弧纹等,这些都是典型的仰韶文化庙底沟类型彩陶纹饰(图3-15),正是这些陶片证明该遗址的文化内涵为仰韶文化庙底沟类型。需要注意的

图3-14 安达其哈遗址图

是尽管该遗址为仰韶文化庙底沟类型，但与黄土高原的同时期文化遗址相比，比较特别的是安达其哈遗址中曾发掘出相当数量的细石器，但东部黄土高原地区同时期细石器基本已经不见踪影。考虑到仰韶文化到来之前，沙隆卡活动有细石器人群，因此安达其哈的仰韶遗存中的细石器，显然受到原先在此活动的细石器狩猎采集者的影响。在安达其哈遗址中发现的细石器，充分说明可能当仰韶粟黍种植业种植者到达河湟谷地时，受到细石器人群的影响，同时也从事一些狩猎采集经济。可以看到安达其哈主体是仰韶文化庙底沟类型，但也渗透了一定量的细石器文化，说明安达其哈的人群主体是仰韶人群，但可能也已经吸收了部分细石器狩猎采集者，表现出该遗址的特殊性、交融性和混合性。

图 3-15　安达其哈遗址的仰韶文化庙底沟类型彩陶片（乔虹，2013）

四、马家窑文化的兴起

仰韶文化在青藏高原的时段为距今 5900—5300 年以前，随着仰韶文化在黄河上游的落地生根，继承仰韶文化的衣钵，在青藏高原东北部—黄

第三章 宗日文化的来源

土高原西部距今5300年以前，出现一种新的文化——马家窑文化。马家窑文化是黄河上游新石器时代晚期文化，是甘青地区最重要的新石器文化考古学之一，因1923年瑞典地质学家安特生在甘肃省临洮县马家窑遗址首次发现而得名（距今5300—4000年）。主要分布在甘肃中部的黄河、洮河流域以及青海东北部的湟水流域，半山类型扩展到河西走廊东部及宁夏南部，马厂类型则到达河西走廊西部。马家窑文化核心区是在甘肃、青海，但其影响范围很广，向南至四川西部横断山区、北至内蒙中南部、东至陕西西部、西至青藏高原腹地等广大地区。马家窑文化继承了仰韶文化的传统，主要从事黍、粟和大麻等种植。马家窑文化最显著的特征是彩陶发达，彩陶比例高，一般占陶器50%以上，制作精致，陶质多为泥质细陶，胎质细腻，器表多精打磨，黑彩为主，红彩、白彩兼有；绘制精美，线条流畅，构图繁缛而富有动感，形成了绚丽多彩的艺术风格，在世界史前艺术史上都有一席之地（图3-16）。青海境内马家窑文化分布东起甘青交界，

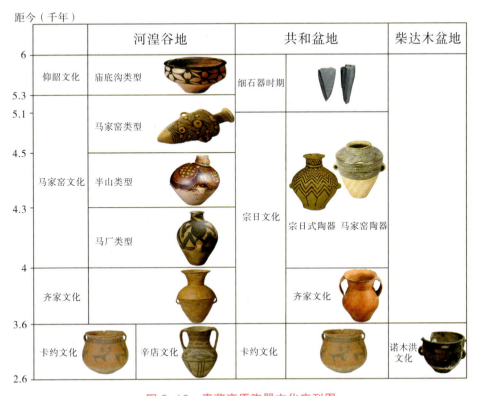

图3-16 青藏高原陶器文化序列图

宗日文化的内涵与时代价值

西至共和盆地，北达青海湖以东湟水上游及其支流的河谷地区，南至黄河支流隆务河中下游地区。马家窑文化是在仰韶文化基础上逐渐发展起来的，可以视为是仰韶文化地域的变体，是仰韶文化逐渐向西延伸、发展的一支地域性文化遗存。马家窑文化的时段为距今5300—4000年以前，从早到晚又分为三个类型，分别是前后连续的马家窑、半山、马厂三个类型（时期）。

马家窑类型，距今5300—4600年。彩陶器型丰富多样，仍以盆、钵、壶、瓶为主。黑彩为主，浓墨重彩，晚期出现白彩，线条规整，构图严谨。盛行内彩，常见旋涡纹、水波纹、同心圆纹、网格纹和平行线纹等，有少量的动物纹饰等。水波纹是最常见的纹饰，反映了黄河滋养着两岸生生不息的先民极富有艺术创造性。

半山类型属于马家窑文化中期，距今4600—4300年。彩陶风格既继承了马家窑类型一些纹饰的画法，同时又有创新。半山类型开始普遍使用红彩，形成黑红彩相互搭配的情况，使得色彩更加绚丽多彩，纹饰更趋精细繁缛，器型更加饱满，达到了很高的艺术成就，出现了个头较大的壶、瓮，常见纹饰有旋涡纹、锯齿纹、菱形纹、葫芦纹、网格纹等。

马厂类型属马家窑文化晚期，距今4300—4000年左右。该时期彩陶纹饰绘制出现简单化、随意化趋势，但器型更加丰富多样，出现了单耳筒状杯等特色彩陶。由于生产力与社会的发展，彩陶可能成为财富的标志，因此彩陶数量是三个类型中最多的。器表多盛行施红色陶衣，用黑彩绘制线条。纹饰多以抽象的几何纹为主，包括变体神人纹、四大圆圈纹、网格纹、回形纹、折带纹，其中回形纹、折带纹对后期的青铜器的装饰艺术产生了深刻的影响。仰韶文化大致是溯渭水流域而上，进入洮河、大夏河流域，然后延伸到湟水流域（周存云，2020）。

仰韶文化与马家窑文化彩陶开始向西传播，逐渐形成一条自东向西的彩陶之路。彩陶传播路线实际上反映的是文化扩张与人群的迁徙，可以把马家窑文化人群看作是仰韶文化人群的后裔，马家窑文化在发展过程中既保留了仰韶文化的特征，又有其自身文化的特点，他们吸收和继承了仰韶文化的彩陶制作技术以及先进的农业生产方式，其生业经济继承了仰韶文化的特征，以农业为主，种植农作物主要是黍、次要是粟；磨制石器技术也较仰韶时期有了很大的进步,制陶技艺已经达到了炉火纯青的程度,能够制作出纹饰更加繁复多样、造型更加多样的彩陶,农业生产方式也达到了较高的水平,尤其是在青海东北部的生存范围不仅仅局限在黄河干流两岸,在马家窑文化时期迅速扩大至整个河湟谷地,甚至有向贵德盆地、共和盆地和青海湖盆地扩散的趋势。

五、马家窑文化与细石器狩猎采集者之间的交流与融合

青海省同德县的宗日遗址,海拔2800千米,地处马家窑文化分布区西部的边缘地带(陈洪海,1998),其文化内涵有一定的特殊性。在宗日遗址出土的陶器主要分为两组:一组是马家窑文化陶器,陶质为泥质彩陶;另一组是宗日式陶器,这类陶器与上一组陶器有明显区别,极富地域特色,均为质地粗糙的夹砂陶,或饰绳纹、附加堆纹,或用红彩和黑彩绘制鸟纹及多重波折纹图案,陶器风格独树一帜。这两类陶器是在共和盆地发现的最早的陶器,也就是说共和盆地在宗日遗址出现之前还处于细石器时期,没有开始农业种植,没有实现定居,也没有普遍使用陶器,那么宗日遗址农业种植、建造房屋与制陶技术是从哪里学得的呢?

由于宗日文化与马家窑文化属于同时期的文化遗存,年代与马家窑文化大体相当,都是距今5300—4000年,那么宗日文化到底是如何产生的呢?这涉及宗日人群是仰韶文化人群的后裔,还是马家窑文化向西扩张的产物,又或者说是细石器狩猎采集者的后代呢?那么宗日文化是如何发展,又是如何消亡的呢?宗日文化在青海地区消亡之后,取而代之的又是哪个文化呢?接下来我们一起来探讨一下宗日文化的起源、演变与发展吧!

宗日文化是黄河流域海拔最高的新石器文化。宗日遗址分布范围在松巴峡以西和曲什安河以东地区,中心区在黄河上游的共和盆地,其分布区原先是全新世中期细石器文化的地盘,因此宗日文化分布区域与拉乙亥遗址为主的细石器文化分布区域存在相当程度的重合,说明在马家窑人群扩张到这里之前,这里已经有细石器文化人群存在,但细石器文化人群还没有使用先进的农业种植技术,仍然保持着古老的狩猎采集的传统生存方式。

在宗日遗址出土的陶器中有马家窑文化陶器,这显然与马家窑文化的

宗日文化的内涵与时代价值

东来移民有很大的关系。掌握先进旱作农业种植技术与制陶工艺的马家窑文化人群溯黄河而上,到达共和盆地,与当地土著居民相互融合,并通过人群迁移、文化传播等方式对当地的土著文化产生深远的影响,从而形成了极具地域特点的宗日文化。最初扩张到这里的马家窑人群带来了成熟的制陶工艺和先进的农业种植技术,这些先进的生产生活方式迅速被原先细石器狩猎采集人群所接受,并成为该地区生业经济的主体。宗日遗址出土的马家窑陶器可能是马家窑文化人群移民带过来的,还可能是马家窑文化人群来到宗日分布区后运用先进的制陶技术在当地制作的,也有可能是宗日人群与马家窑人群之间贸易、交换所得。两类人群在进行产品贸易、交换的过程中,也伴随着两种不同文化之间的融合,马家窑文化向宗日文化的细石器狩猎采集者输入烧制彩陶、磨制石器、房屋建造以及农业种植技术,同时宗日文化向马家窑文化输送细石器的制作技术,两种文化之间相互交流、交往和交融(图 3-17)。人群的迁徙、交流、融合、互动以及文化的传播都是人类演化和文明发展的必要条件(彩陶之路),高原狩猎采集者在接受了来自东方先进农业文化的同时,也使自己的文化得到了明显提升。随着不同文化之间的不断交流与融合,高原细石器狩猎采集者开始向新石器文化迈进,高原文化面貌有了巨大飞跃。

图 3-17 宗日文化遗传图

这也说明在马家窑文化时期，青海存在着两类截然不同的人群，一类是有着先进农业种植技术的马家窑文化人群，另一类是细石器时期的狩猎采集人群，两类人群分别拥有各自的文化和技术传统，在共和盆地发生交流，并且互相融合从而衍生出了宗日文化。因此我们可以说，宗日文化的变化可以看作是青藏高原高海拔细石器文化走向较低海拔，不断向马家窑文化发展转变的过程，或者马家窑文化在向更高海拔的高原扩散中不断学习细石器文化的过程，是青藏高原史前人类文化之间的交流与融合的典型与缩影。由于共和盆地特殊的地理位置，处在较低海拔河湟谷地与较高海拔青海南部高原的过渡地带，河湟谷地不仅是粟黍种植者的文化圈，也是高原腹地细石器狩猎采集者的文化圈，在两大文化圈相互交汇地带，就诞生了二者共同作用的新的文化类型。因此共和盆地可以看作是高原细石器文化向东扩张，黄河中上游新石器文化西进，农牧业文化交融的关键地区。宗日文化既不是纯粹的细石器文化狩猎采集者，也不是纯粹的马家窑文化粟黍种植者，宗日文化身上既有粟黍种植者的特征，也继承了细石器文化特征，是细石器狩猎采集者和马家窑文化农业种植者结合后共同产生的文化，是两种文化交融后的产物。换句话说宗日文化是细石器文化与马家窑文化共同作用、相互融合的结果，是二者共同影响逐渐发展起来的一个极具高原特色的地域性新石器时代文化（表3-3）。

表3-3 青藏高原东北缘全新世中期考古文化区系表

分区	文化	时间 cal (ka BP)	文化特征	
河湟区	马家窑文化	5.3—4	石器	典型磨制石器，有长方形穿孔刀、铲、斧、磨盘、臼、磨棒和石刀器等
			陶器	彩陶发达，制作精细，纹饰有旋涡、圆圈、折线等几何纹和鸟、蛙、鱼及人形纹饰，有盆、钵、壶等多种器型，也有饰有绳纹、附加堆纹的夹砂陶
			经济形态	农业为主，种植粟黍、稷等，兼营饲养和狩猎，饲养狗、猪等
			墓葬	竖穴土坑墓、土洞墓

宗日文化的内涵与时代价值

续表

分区	文化	时间 cal (ka BP)		文化特征
高原区	青海湖细石器文化	14—4	石器	典型细石器，包括石叶、石片、石核等，出土有石棒
			陶器	夹砂粗陶为主，少数有刻画纹，有少量马家窑彩陶片出土
			经济形态	早期狩猎，后期以狩猎为主，兼有采集或农业经济
			墓葬	未发现
	宗日文化	5.2—3.9	石器	出土细石器、磨制石器和打制石器
			陶器	有典型的马家窑陶器，独有宗日式陶器，占有较大数量，多为夹砂粗陶，制作粗糙，乳白（黄）色、绳纹、附加堆纹普遍；彩陶用紫红色，折线纹和鸟纹绘在肩部
			经济形态	农业普遍，较多动物骨骼，畜养与狩猎占有一定比重
			墓葬	独有二次扰乱葬、火葬、石棺葬，也有竖穴土坑墓

六、宗日遗址和宗日文化概述

宗日遗址，从行政区划来说，位于青海省海南藏族自治州同德县巴沟乡团结村；从河流的关系来看，坐落于黄河上游，黄河干流与支流巴曲河、曲什安的交汇处，与波澜壮阔的黄河仅咫尺之遥。具体来说位于黄河北岸约数百米处二级阶地上，站在这个历史沉淀的遗址上，向南眺望，可见波涛汹涌的黄河，其宽广的河谷便在眼前展开。遗址北边为目杨龙瓦和塔拉龙山，团结村所在地理位置为北纬35°20′6.93″，东经100°14′48.94″，海拔2801米。

宗日遗址实际上是个大型遗址群，分布范围以团结村为中心，向东至班多村，西到卡力岗村，东西延伸约2.3千米；根据河谷河流阶地地形地貌，可以将村西面的大沙沟作为分界线，将遗址群细分为东边6个台地和西边4个台地，面积8万平方米（图3-18）。由于宗日遗址是共和盆地面积较

图3-18　宗日遗址全景图

大、延续时间较长、文化内涵丰富的一处古遗址，也是黄河流域分布海拔最高的新石器时代遗址，对于挖掘黄河文化的重要性不言而喻，其重要性体现在对研究青藏高原史前文化的源流和黄河上游新石器时代文化的发展演变，对高原早期民族的起源历史、社会发展和民族交流，以及高原极端环境下人地关系的研究具有重要意义，此外宗日文化还是青藏高原东北部的一支新石器文化，为研究青藏高原和黄河流域的史前文化提供了素材，并对揭示高原早期民族的起源历史、社会发展和民族交流的历史具有重要意义。因此，2013年宗日遗址被国务院批准为第七批全国重点文物保护单位。宗日文化主要分布在海南州地域，宗日遗址是其典型代表，目前经过系统科学发掘的遗址包括宗日和南坎沿两处遗址。可以毫不夸张地说，宗日文化正是黄河文明的璀璨明珠，与这条世界第五长河的伟大河流关系密切而深远（图3-19）。黄河母亲的恩赐，孕育与滋养了宗日文化，见证了宗日文化的繁荣与灿烂，对宗日文化的发掘也在向人们诉说那虽已远去，却也丰富多彩的历史故事。

宗日遗址发现于1982年，青海省文物与考古研究所的文物普查小组在同德县巴沟乡团结村发现了一处新石器时代遗址（高东陆，1985），这是宗日遗址第一次进入人们的视线，该遗址的文化类型在当时被归为马家窑文化半山类型，但21件出土的夹砂陶全为乳白色或乳黄色，具有明显的本土特征（陈洪海，1998），在1982年至1987年的文物点复查中，再次认为该遗址属于马家窑文化半山类型，并认为是马家窑文化在甘青地区分布的最西端，此次复查还在位于团结村东南的班多村西南的黄河北岸二级阶地上发现了齐家文化遗存（青海文物考古研究所，1990）。基于陶片中较为明显的本土特色，以及宗日遗址在文化传播中的重要地理位置，为

图 3-19　宗日遗址与所在黄河谷地图

确认其文化性质，青海省组织的考古队于1994—1996年在该遗址进行了为期三年的发掘（陈洪海，1998），发掘面积共9800平方米，清理了墓葬341座、灰坑18个、祭祀坑18个，出土复原陶器共542件，出土的石刀、细石器、骨刀、鱼钩等石器和骨器等生产工具，并且有铜器和大量的动物骨骼，此次发掘在确认宗日遗址有马家窑类型、半山类型、齐家文化遗存的存在之外，还发现了大量的乳白色夹砂陶（陈洪海，2007）。由此可以了解到，宗日文化从发现到确定经历了一个十分曲折的过程，经过多次发掘、反复认定，才得以重现。

2015年5月，青海省文物考古研究所和兰州大学在宗日遗址"大沙沟"东侧第二个台地中部进行试掘，发掘面积25平方米。发掘出土较多磨制石器、细石器、陶片、骨器等。2020—2022年青海文物考古研究所与河北师范大学、南京大学等联合对宗日遗址进行发掘，开展综合性考古研究。其中2020年对东一、东二台地开展发掘，发掘面积800平方米，清理新石器时代灶址1个和墓葬14座，青铜时代卡约文化遗迹以及历史时期祭祀遗迹，出土陶、石、骨、铜等文化遗物2500件。2021年度发掘区位于遗址东一、东二台地，发掘面积600平方米，清理宗日文化的墓葬12座、壕沟1处，出土遗物350余件（青海文物考古研究所，1990）。

图中展示的是宗日文化遗址及其周边环境（图3-20）。图中蜿蜒而过的大河是黄河，台阶地中间的灰色小河是曲什安河，随黄河向东流去。大泥滩右侧（图中绿色河流阶地右侧）就是宗日遗址，所出土的宗日文化的器物非常丰富。不仅如此，在河的两岸周围几千米的区域内都发现了宗日文化类型的遗物。这表明宗日遗址的分布并不仅局限于一个村子，而是延伸数千米的一个较大的范围，卡力岗到班多一带也是宗日文化的代表性

第三章 宗日文化的来源

区域，区域内曾出土大量的陶片和细石器等遗物。由于河谷地内有较强烈的人类活动，主要是耕种和翻动土壤，导致土层受到了相当程度的扰动，使遗迹也受到了一定程度的破坏。宗日遗址所在的黄河谷地，河对岸的大米滩、附近的唐乃亥遗址，均发现了宗日文化的陶片和相关遗存，但规模相对较小。这里不仅文化遗存丰富，景色也十分怡人。山河相间，错落有致，在这里观赏黄河奔流是一种十分愉快的体验。

宗日遗址，最初被称为"兔儿滩遗址"，由于将班多、团结、卡力岗三个行政村的范围合并为一个遗址，所以更名为"宗日遗址"，藏语意思为人群密集的地方。最初把宗日遗址的文化属性当作马家窑文化，那么它是马家窑文化在青海境内黄河上游分布的最西端，也是海拔最高的马家窑文化遗址，但其与河湟谷地的马家窑文化相比表现出独有的地域特色。宗日遗址出土了大量的彩陶器，包括宗日式陶器和马家窑文化陶器。其中马家窑文化陶器包括马家窑类型、半山类型细泥红陶质的彩陶，宗日遗址马家窑文化陶器与东部河湟谷地出土的马家窑文化陶器并无二致。宗日式陶器仅见于宗日遗址为代表的宗日文化，不见于马家窑文化。宗日式陶器主要为夹砂陶，器型包括壶、单耳罐、碗；其彩绘纹样比较简单、粗糙，主要有折线纹和鸟纹；器表呈乳白色或乳红色，一般上腹部经过打磨以便绘彩，下腹部是绳纹。宗日遗址出土的马家窑陶器与宗日式陶器，各自有着

图 3-20　宗日遗址现代景观图

宗日文化的内涵与时代价值

特质与演化轨迹，反映了不同文化传统和群体的差异。宗日式陶器表现出相当明显的特色，背后应该有其特殊文化内涵，与东部河湟谷地马家窑文化差异明显，因此被认为是宗日文化的独特体现。但并不是纯粹的马家窑文化性质，它有自己固定的分布范围，有自己独特的陶器等，其文化内涵具有特殊性，显示了强烈的地域特点和文化特性，故大家更倾向于认为以宗日遗址为代表的黄河上游这类新石器是一种独立新石器文化。虽然宗日文化是一种独立的新石器文化，但宗日文化遗址中普遍出现马家窑文化陶器，这反映出其与马家窑文化千丝万缕的、密不可分的联系，很显然宗日文化受到马家窑文化的强烈影响，宗日遗存是马家窑文化西进的产物，体现了青藏高原东北部与黄土高原地区史前文化互动与交流，也是两大区域人群迁徙与融合，以及与环境变迁密切相关的人群活动的结果（图3-21）。

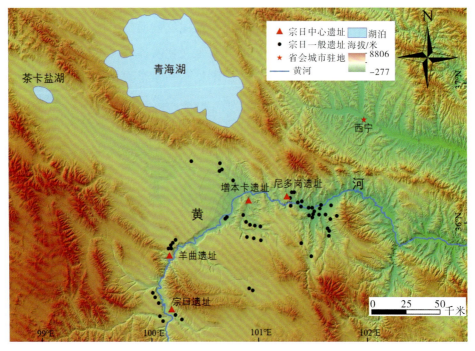

图3-21　宗日文化遗址分布图

从地理位置来看，宗日遗址特点非常显著。其一，宗日遗址位于水热充足、地势平坦、土地肥沃，风景如画的黄河上游河谷地带，该谷地可以说是黄河流域从事农业生产海拔的最高极限，自此之上海拔升至3000米以上，气候高寒，已无从事农业生产的水热条件。其二，若从大的视角来看，若沿着宗日遗址踏步而上，便可深入高原的核心地带，那里的海拔超过了3000米，并且到达了平均海拔在4000米以上的青海南部高原，可以看到，宗日文化刚好处于青藏高原东北边缘较低海拔（2000~3000米）河谷地带与高原腹地（海拔4000米以上）的过渡区域，这一特殊的地理位置赋予了宗日文化特性。从一个更宏观的视角来看，宗日文化所在之处可谓是新石器文明所达到的最高海拔界限，越过这一极限，新石器时代的遗迹便不见踪影，但这并不意味着人类活动的终结，更高海拔地区是原先就有细石器狩猎采集者活动的场地，而宗日文化刚好处在新石器农业种植者与高原细石器狩猎采集者交汇地带，正所谓地形的过渡性造就了文化的过渡性。

第四章

宗日文化的基本特征

第一节 宗日文化的分布区域和时段

考古学文化是指能够在考古学遗存中观察到的、存在于一定时期和一定地域，并具有一定特征的共同体（严文明，1997）。宗日遗址在最初发掘时，出土了数量不少的马家窑文化陶器，大家将其归类为马家窑文化。但是随着发掘和研究不断深入，大家对其考古学文化属性展开深入讨论，发现宗日遗址中有固定分布区域、自己独特的陶器组合等特征，因此认识到宗日遗址为代表的遗存应该属于一种新的考古学文化。

一、宗日文化的分布区

宗日文化仅分布于青海省海南州境内的黄河上游海拔 2500~3000 米的河谷地带，从地形来看分布于共和盆地与贵德盆地，具体来说宗日文化遗址东至贵德松巴峡，西至同德巴沟的宗日一带的黄河沿线，分布界线向东、向北不超过青海湖—日月山—拉脊山一线，向南止于阿尼玛卿山北麓一线，目前已发现宗日文化遗址50余处。这一区域在地理分区上具有显著特点，即处于青藏高原边缘河谷与高原腹地的过渡地带（图4-1）；宗日文化遗址的另外一个特点是基本都分布在黄河干流两岸的河流阶地上，支流也有，但数量不多，而且也都是接近支流与干流交汇处，从中可以看到黄河在青藏高原东北部早期人类活动中起到举足轻重的作用，黄河就像一条金线，将流域内分布的星星点点的各种文化与人群串联起来，让上下游之间相互来往、交流与交融，从而促进了流域整体文明程度的提升。因此，从这个意义上说，黄河不仅滋养了沿岸的人民与文化，其也是一条大通道，

第四章 宗日文化的基本特征

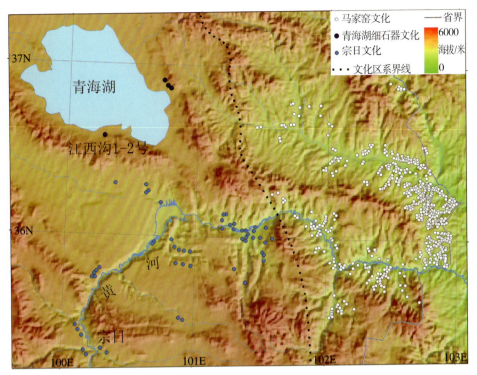

图 4-1 宗日文化与马家窑文化分布图

是一条文化交流、人民互通之河，扮演了"红娘"的作用，正可谓是"千里姻缘"黄河牵。

根据陈洪海老师等人的调查，宗日文化分布区又可以细分为核心区、边缘区和影响区，核心区处于共和盆地龙羊峡—宗日遗址的黄河干流两岸及其附近的支流一带，典型遗址包括同德县宗日遗址和兴海县羊曲南坎沿遗址；边缘区以中心区为核心向外延伸至龙羊峡—松巴峡—贵德盆地的黄河干流及贵德盆地内，典型遗址包括尼多岗遗址和狼舌头遗址；影响区范围则比较广阔，东界难以确定，大概区域主要在松巴峡以东的黄河干流河谷地带，可能达到甘青交界处的积石峡一带，主要包括群尖盆地、循化盆地和官亭盆地；除黄河谷地外，湟水谷地也有可能是影响区（图 4-2）。从宗日文化独特的宗日陶器来看，核心区的宗日式陶器数量较多，较为普遍，占陶器总量比例较大；且存在马家窑文化陶器，但占少数。比如宗日遗址中宗日式陶器占比可以达到 85%，羊曲的南坎沿遗址中发掘出土的陶

宗日文化的内涵与时代价值

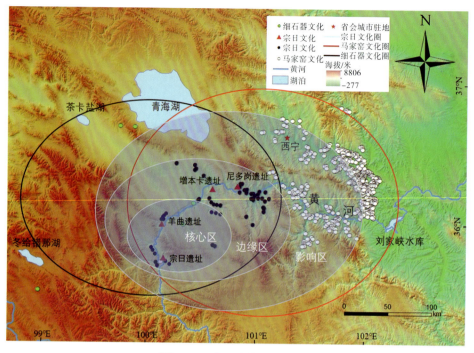

图 4-2 宗日文化分区位图

器中夹砂陶占绝大多数,达到94%,其中又以乳白色为最多,红褐色次之,少量为灰褐色和红色;且大部分都有绳纹,同时有附加堆纹,还有一些紫红色的三角纹、鸟纹等图案,其中宗日式陶片占多数。

边缘区的宗日式陶器占比则显著下降,遗址中以马家窑文化陶器占多数,比如贵南县增本卡遗址是以马家窑文化为主,宗日文化为辅的遗址类型。增本卡,藏语意为白石堆,是沙沟乡唐乃亥村西北面一片农田的名字。这里是沙沟河的一级阶地,阶地发育良好,黄土堆积厚,遗址面积约为28000平方米。在出土的相关器物中,夹砂陶约占60.7%,以红褐色为主,红色和黑褐色次之,少量乳白色;基本上都有绳纹,部分有附加堆纹。其中,泥质陶占出土陶器总数的40%,大部分为橙红色,这其中的半数左右有用黑彩绘制旋纹、点纹等图案,可以确定的是增本卡遗址中存在典型的宗日式陶器;这些出土的器物特征足以表明这是一座以马家窑文化类型为主,宗日文化类型为辅的文化遗址。向东到了贵德盆地的尼多岗遗址,这里已经是典型边缘区了,采集到的陶片49块中夹砂陶占69.4%,泥质红陶占

第四章 宗日文化的基本特征

30.6%;其他类型彩陶仅占14%左右,其中发现有几块乳白色或乳黄色陶片呈现出宗日式陶器特征,因此可以推测这几块陶片马家窑文化为主,但有宗日因素。因此可以看到明显的分布规律,在宗日文化分布区,愈靠近东部,马家窑文化特征愈显著;愈靠近西部,宗日文化本土特征愈显著,文化作用强度随距离增长而变弱的规律表现得非常明显,其背后是青藏高原腹地细石器文化圈和高原东北缘河湟谷地区马家窑文化圈作用的结果,愈发证明宗日文化是细石器文化圈与马家窑文化圈共同作用、共同交融的结晶。

青藏高原独特的气候和环境使得高原上的生产活动与其他地区有所不同,其寒冷干燥的特点并不是很适宜农作物的生长,难以进行大规模的种植生产活动。因此,史前人的生产活动以狩猎和采集为主。而在处于相对下游的河湟谷地,气候相对温暖湿润,更适宜农作物的生长,所以农业活动以种植农作物为主。宗日—马家窑文化所在区域正是青藏高原与黄土高原的过渡带,兼有二者的气候类型与农业生产活动类型过渡的性质。这一特点使这两种文化得以混合。由此可以看到:宗日文化范围的地域狩猎采集活动比重更大,马家窑文化范围的地域则以农业种植活动为主。

另外值得注意的是,宗日文化本身是细石器文化和马家窑文化的结合,是两种文化融合的结果。这其中最具代表性的区域是在河湟谷地和青藏高原腹地之间的过渡带,即共和盆地一带。

同时,我们可以将共和盆地、河湟谷地以及青海南部高原做一个比较(表4-1,图4-3)。共和盆地位于青藏高原东北缘、青海湖南侧,处于青海南山与巴颜喀拉山之间的黄河上游盆地,是祁连山向昆仑山的过渡带,海拔在2500~4657米之间(刘瑛等,2014)。共和盆地受东南季风、西南季风和西风环流三大气候带影响,处于半干旱地带,地带性植被为荒漠草原和草原类型,年均温0~5℃,年降水量200~400毫米(董光荣等,1989),是我国干草原和荒漠草原土地沙漠化较强的地区之一,盆地内水系包括内流的沙珠玉河和外流的黄河两大水系。在共和盆地东部,黄河从南到北穿越而过,中部和西部分布着一系列内陆河和内陆湖泊,包括沙珠玉河、更尕海、英德尔海、达连海和茶卡盐湖(李国荣等,2014)。

宗日文化的内涵与时代价值

表 4-1　三个地域的自然环境对比表

地区	年均气温（℃）	年均降水量（毫米）	平均海拔（米）	土壤	植被	动物
河湟谷地	5.0~9.0	400~500	1700~2600	灰钙土、栗钙土、灰褐土、干旱高山草原土、高山寒漠土等	林地、灌木林地、干旱草原、小灌木草原等	大石鸡、黄腹山雀、环颈雉、蓝马鸡、红鹳、长耳鸮、赤狐、岩羊、白唇鹿、马鹿、棕熊、青头潜鸭等
共和盆地	1.0~3.3	250~400	2600~3000	草甸土、栗钙土、风沙土等	草原、荒漠草原等	青海湖裸鲤、鼠兔、兔狲、狼、荒漠猫、黑颈鹤、白鹮鹳、猎隼、草原雕、秃鹫、普氏原羚等
青海南部高原	-5.3~4.1	260~770	3800~5000	高寒草甸土、高山草原土等	山地森林、高寒灌丛、高寒草甸、高寒草原、高寒荒漠等	雪豹、藏狐、藏羚羊、兔狲、藏棕熊、鼠兔、斑头雁、豺、豹猫、西藏盘羊、野牦牛、秃鹫、鹰等

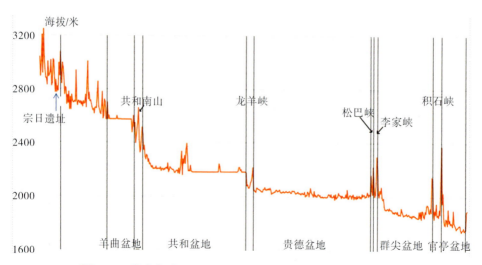

图 4-3　官亭盆地–阿尼玛卿山段黄河上游干流地形剖面图

河湟谷地是指黄河及其支流湟水河、大通河之间的河谷地带，位于青藏高原东北部，青藏高原与黄土高原接壤的农牧交错地带，自古就是青藏高原农业发展较早的地区之一。河湟谷地仅占青海省总面积的4%，但是耕地面积却高达全省60%，居住着全省2/3以上的人口。河湟谷地最低海拔为1656米，最高海拔为5210米，区域内的地形起伏变化大。气候类型主要以高原温带干旱、半干旱气候为主，因为受海拔高度及山地气候的影响，水热条件空间分异较大。区域内的全年平均气温在5℃~9℃之间，年平均降水量为400~500毫米，是青藏高原地区自然条件相对优越的区域。

青海南部高原主要包括玉树和果洛州，海拔在3800~5000米，平均海拔在4000米以上，总体地势西高东低，地貌类型多样，包括冰川、高山、山原盆地等典型的高原地貌。区域内主要的植被类型为高寒草甸、高寒草原和灌丛草地，区域内的著名山脉有昆仑山、阿尼玛卿山、巴颜喀拉山和唐古拉山（桑春云，2023）。气候为典型的高原大陆性气候，冷热两季交替，无四季区分，热季雨热同季，冷季漫长干冷。日温差较大、年温差较小，气温较低，热量不足，日照时间长，辐射强烈，蒸发较大。多年平均气温在 $-5.38℃~4.14℃$，年平均降水量为262.2~772.8毫米。同时，这里还是长江、黄河、澜沧江三条大河的发源地，水量充沛，河流资源丰富，分别约占长江总水量的25%，黄河总水量的49%和澜沧江总水量的15%。

由比较可知，河湟谷地的各方面自然条件都优于共和盆地，加之中间有拉脊山、日月山阻隔，两地交流不易。因此，共和盆地-贵德盆地地理环境相对封闭，但也有黄河从中贯穿而过，黄河成了最佳的交流与沟通通道，这就造就了宗日文化的个性，既有自己的独特性，又受到外部的交流影响，宗日文化的形成与其所处的独特的地理环境有着密不可分的关系。

> **小贴士**
>
> 河湟谷地位于青海省东北部，是由黄河干流及其支流湟水河冲击形成的河谷地带，海拔在1650~5200米之间，面积约 $3.9×10^4$ 平方千米。处于青藏高原、内蒙古高原与黄土高原的交界地带，主要为河谷、山地、盆地等地貌类型，呈现峡谷-盆地相间分布的串珠状形态。年日照时数2600~3000小时，年均气温3℃~8℃，年均降水量250~520毫米，降水主要集中在5—10月，雨热同期。

二、宗日文化的活动时段

根据对宗日遗址碳十四测年结果，绝对年代大概在距今5200—3900年（表4-2），早期对宗日遗址棺木的测年最早距今5600年。这一结果显然偏早，这是因为棺木一般取材于遗址周围的乔木植被，当时河谷里可能发育云杉、松等乔木，而此类树木生长期较长，不排除树木被砍伐时已经生长了数百年；其次，宗日遗址中普遍存在马家窑文化陶器，对马家窑文化陶器年代研究相对比较成熟（谢端琚，2002），根据同墓葬伴随的马家窑陶器可以判断宗日遗址大致属于马家窑文化马家窑类型中期，因此根据墓葬碳十四测年结合出土陶器，综合判断比较合适。

表4-2 宗日遗址碳十四测定年代表

单位	质料	碳十四年代	校正年代	出土遗物	分期	来源
T13	木炭	4675±142	5230±170	陶片、兽骨、石器	（不明）	陈洪海等，1998
T13	朽木	4538±140	5068±210	陶片、兽骨、石器	（不明）	陈洪海等，1998
M152	朽木	4440±175	4943±240	未出土陶器	（不明）	陈洪海等，1998
M71	钙木	4041±86	4456±140	C组陶器5件，B组陶器1件，人骨	二期	陈洪海等，1998
M152	朽木	4032±136	4443±175	陶器、人骨	（不详）	陈洪海等，1998
2020-M6	（不详）	4140±30	4653±81	不详		乔虹等，2022
2020-M5	（不详）	4120±30	4592±65	马家窑彩陶、宗日陶器、人骨	二期	乔虹等，2022
2020-M13	（不详）	3870±30	4320±89	夹砂陶器，无彩绘		乔虹等，2022
2020-M14	（不详）	3640±30	3939±66	（不详）	三期	乔虹等，2022
增本卡	鹿骨	4160±20	4706±121	马家窑类型陶片	二期	本文
2020-M11	（不详）	2940±30	3086±90	无随葬品，推测为卡约文化		乔虹等，2022

第四章　宗日文化的基本特征

根据1994—1996年所发掘的墓葬和出土的陶器变化规律,将宗日遗址时段划分为早、中、晚三期,每期又细分为两段,共三期六段(陈洪海,2002)。根据测年结果和出土陶器综合判断,早期大致相当于马家窑文化马家窑类型中晚期的雁儿湾、王保保和小坪子期,距今5200—4900年;中期大致相当于马家窑文化的小坪子期、半山期,距今4900—4500年;晚期大致相当于半山期、马厂期,距今4500—3900年。2020年青海省文物与考古研究所等单位又对挖掘墓葬进行测年,获得一批测年数据,结果表明宗日文化持续年代大体与马家窑文化(距今5300—4000年)同期,如果说有什么差别的话,可能宗日文化较马家窑文化整体推迟百年左右。

但需要注意的是,宗日遗址虽是一个遗址,但文化类型却并不单一。这是容易理解的,对于地理位置、自然环境较好的同一地点,前后有不同的文化在此生存繁衍,宗日遗址就是这个情况。主体为新石器时代的宗日文化(距今5200—3900年)、其后有青铜时代的齐家文化(距今4000—3600年)以及卡约文化(距今3600—2600年),甚至近些年还发现了唐代遗存。本书所说的宗日文化主要是指新石器时代的遗存。

> **小贴士**
>
> 碳十四测年,又称"碳十四年代测定法"或"放射性碳定年法"。是根据碳十四的衰变程度来计算出样品的大概年代的一种测量方法,这一原理通常用来测定古生物化石的年代。

第二节　宗日文化的陶器

宗日文化较为特殊之处在于陶器的特殊性上,主要表现在既有马家窑陶器也有独特的宗日式陶器。宗日文化之所以称为一个独立的考古学文化,很大程度上取决于遗址内发现独特的宗日式陶器,下面我们对宗日出土的陶器进行总结。

宗日文化的内涵与时代价值

一、宗日式陶器特征

宗日式陶器具有以下特征:

(1)胎色呈现乳白色,胎质为夹砂陶,制作相对比较粗糙,稍大的壶等器物胎体上腹部绘彩处一般会进行打磨,下腹部普遍为绳纹;小型器物盆、钵等一般施以乳白色陶衣(图4-4)。

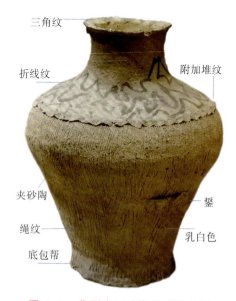

图4-4 典型宗日式鸟纹彩陶壶图

(2)纹饰比较简单,主要为鸟纹、折线纹、平行折线纹、圆点纹、三角纹和网格纹等。流行鸟纹,主要绘制在盆钵口沿内外两侧,以及瓮壶体的上半部,一般来说,盆钵的鸟纹形式较为固定单一,但瓮壶体的鸟纹却变化多端,反映出多样性和创造性;三角纹一般绘制在壶口内侧,或者盆钵上,实际上是鸟纹的变形;多条平行折线纹一般绘制在壶体上腹部;总体来看,宗日式陶器图案简单易画,不似马家窑类型陶器纹饰繁复精美,可能说明制陶可能并没有出现专业化,氏族成员一般都可以制作。

(3)全身仅在彩陶绘彩处局部打磨,颜料有红色、紫红色和黑色,尤其是红彩的使用,可能与特定的精神信仰相关;单耳彩陶罐纹饰直接绘在夹砂粗陶上,不似马家窑文化的陶器,只在精打磨的器身上绘制纹饰,不在夹砂粗陶上绘彩，反映出宗日陶器制作的粗放性。

（4）宗日式陶器一般流行装饰附加堆纹，尤其是在罐或者壶的折肩处，甚至在器身有多条附加堆纹，起到装饰作用。马家窑文化有附加堆纹，但使用频率明显低于宗日式陶器。特别需要指出的是一些罐体折腹部的短竖线附加堆纹，这是宗日文化的一大独有特征，是判断宗日文化的重要标志。

（5）宗日式陶器符号发达，尤其容易表现在盆钵等器型上，包括★、Ⅱ、十字纹、太阳纹、万字纹等，特别是万字纹透出强烈的原始宗教气息。

（6）底包帮，即宗日式壶在制作过程中，分别在器底与器身制作，二者嵌合粘贴时，将器底捏包在器身下部，底部呈现突出状，不进行打磨处理。

（7）壶的双耳在制作时将其搓捏为圆条状，不似马家窑陶器双耳精细加工，做成扁平椭圆状。器耳圆条状的做法似直接来自大地湾或者仰韶，做法呈现出原始性。

（8）器型组合比较简单，主要有瓮、壶、单耳罐、盆钵。宗日文化中瓮和壶器型差别不大，高度超过30厘米的器物可以称为瓮，数量非常少；壶的高度一般在20厘米左右，数量较多。壶下腹部两侧多流行有对称的两个扳手，少数陶壶制作有双耳，但由于胎体夹砂，并不牢固，双耳很容易脱落。罐高度一般在10厘米左右，敞口直领，一般为单耳，甚至无耳；罐体折肩处多有附加堆纹，马家窑文化罐以双耳为主，单耳罐偏少，这是二者的显著区别。宗日式盆钵形式比较单一，呈敞口喇叭状。

上面总结了宗日式陶器的基本特征，一般情况下，单凭一项特征难以确定是否为宗日式陶器，因为单项特征在马家窑文化中也是存在的，但是各项特征的组合则能呈现出宗日式陶器的综合面貌，实际上宗日式陶器与马家窑陶器的区别，还是比较明了的（图4-5）。

可以看到，从质地、器型、纹饰、制作等诸多方面，宗日式陶器与马家窑陶器均存在明显差别。这就会引发一个问题，如果宗日式陶器完全学习马家窑制陶技术，烧制的陶器显然是马家窑陶器而不会具有这么大的差别。不应否认，马家窑的制陶技术对宗日式陶器有很大影响，但是宗日式陶器的自身特点渊源是什么，宗日文化是高原细石器文化与马家窑文化共

图 4-5　宗日式陶器典型器型与纹饰图

同影响的结果,那么不得不考虑,宗日式陶器的鲜明特征是否有源自细石器文化的可能,细石器是否用陶呢?答案是肯定的,高原细石器文化是有陶的,但是发现的数量非常少,目前有以下证据(图4-6,图4-7)。沙隆卡遗址剖面的第17层细石器文化层中发现有陶片,经过碳十四测年层位年代为距今7800—7700年,这可以说是青藏高原最古老的陶片。此外,在江西沟2号出土有陶片,对陶片进行热释光测年结果显示为距今6500年前后,这也是青藏高原年代较早的陶片之一(Madsen et al, 2006);在下大武2号地层剖面80~90厘米层位中发现有一枚夹砂粗陶,外饰绳纹的乳白色陶片,地层年代约在距今6200年前后。这三枚陶片均发现于青藏高原东北部有地层的细石器文化层位中,这证明高原细石器文化是使用陶器的,其中低海拔的河湟谷地沙隆卡用陶年代为距今7800—7700年,而较高海拔的青海湖盆地和青海南部高原用陶年代要晚些,在距今6500—6000年之间。细石器文化中发现的陶片共同特征是均为夹砂粗陶,并有绳纹,乳白色或棕色,这些特征与宗日式陶器更为类似,这使得我们有理由相信宗日式陶器一些特征源自早先的细石器文化,二者可能存在直接联系。当然,宗日类型的陶片在纹路特征上更为精细,说明制作工艺上比细石器陶更为先进,质地更紧密,烧制温度更高,火候控制得更好些。

图4-6 沙隆卡剖面第17层出土的陶片图

宗日文化的内涵与时代价值

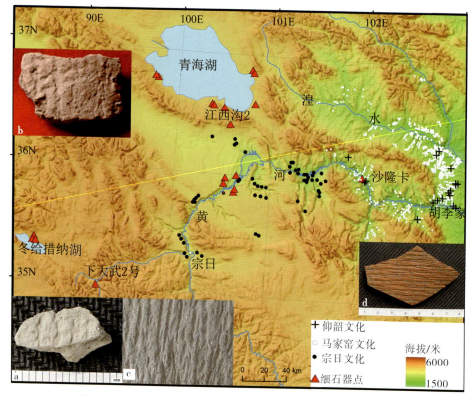

图 4-7　青藏高原东北部细石器文化中发现陶片及其分布图
a.下大武 2 陶片；b.江西沟 2 陶片；c.宗日陶片（宗日文化类型）；d.安达其哈陶片（仰韶文化类型）

二、宗日式彩陶的绘画具有浓重的高原高寒风格

宗日文化处于青藏高原，这里虽是河谷地带，但是周边就是高耸入云的阿尼玛卿雪山和 4000 米以上的青海南部高原，太阳普照之下，那里冰川点缀，高寒草甸和草原广布，生活有高山秃鹫、藏原羚等典型的高原动物。而高原的自然生态环境中的太阳、高山、河流和动物都成为宗日人绘画的对象。尤其是高山秃鹫，成为宗日人画笔下最常见的形象，因此宗日式彩陶的纹饰极具青藏高原高寒的自然环境特点。

仔细观看宗日文化类型的陶器上所绘制的鸟类形象（图 4-8），我们可以看出并感受到宗日先民对于动物形态特征的精准观察。陶器上的秃鹫形象笔画并不复杂，可以看出是由一些简单的直线条所构成。虽然宗日先民们没有过多追求画作的准确性,但却巧妙地捕捉到了动物的主要形态特征。这种简约而高度准确的表达方式,展现了他们深入骨髓的观察力和对自然的敏锐感知力。绘画手法看似简单,但却极富表现力和形象感,通过对秃鹫的绘画,将高原高寒地区的苍凉和苍茫感都体现了出来。这些均能体现宗日文化在艺术表达方面的鲜明风格和独特技艺。

陶器中间这个像车轮一样的符号看上去很有趣。其实,这是"万"字纹的最初的样子(图4-8)。后来经过不断地演变与简化,成为我们今天所见到的"万"字纹。在这个符号上方,出现了一条直线和几条竖线的图案,不难看出,这是一只鸟。再结合青藏高原的鸟类分布,可以推测出这是一只秃鹫。这种简单而直观的绘画方式体现了宗日人对自然的独特观察方式。虽然画法简洁,寥寥几笔,但却命中要害,准确地捕捉到了秃鹫的主要特征,这种高超的技艺和深入骨髓的观察力确实值得称赞。

图4-8 宗日式彩陶鸟纹与秃鹫图

三、伴随出现的马家窑文化陶器

宗日文化遗址里出土的不仅有宗日式陶器,普遍伴随出现马家窑文化陶器。这是因为宗日文化与马家窑文化密切的文化交流和传承,而且宗日分布区与马家窑分布区在地理位置上紧密相连,也便于交换与贸易。

宗日里的马家窑文化陶器有盆、壶等器型,造型匀称而规整。器表打磨光滑,胎色橙黄,胎质用料比较讲究,经多次淘洗,多为泥质细陶,制作精湛。在器表绘制有水波纹、鸟纹、旋涡、平行线、锯齿、网格、圆圈等纹饰,这些纹饰绘制精美,线条流畅、构图规范、精准而协调,动静结合,富有极强的节奏感与艺术感,是人类史前艺术的一朵奇葩(图4-9)。

相比之下,宗日类型的陶器给人感觉则是简单明了,宗日式陶器器型显得单一,器表一般不打磨,胎乳白色,陶土夹砂,未经充分淘洗,制作较粗糙。纹饰类型比较简单,主要有鸟纹、折线纹,绘制线条粗细不匀,歪歪扭扭。一些宗日彩陶,初看似乎在土块上画了几道绛红色。因此马家窑彩陶与宗日彩陶刚好是两个极端,形成鲜明的对比,一个是复杂而成熟,一个却是简单而稚嫩;一个是规则而精美,一个却是随意而粗放。这就像我们在生活中截然不同的两个人,一个是思维缜密,一个却是天性率直;

图4-9 宗日遗址出土的马家窑文化陶器图

一个是雍容华丽，一个却是朴素无华。因此虽然宗日遗址同出两种陶器，但二者差别非常大，甚至可以说是天差地别。造成这种差别可能与陶器的用途、制作技术、原料、生活或生产环境、制作和使用者的心理情况、审美观念和文化渊源等因素相关。

四、宗日文化的陶器分期

根据宗日遗址墓葬里出土的宗日式与马家窑陶器类型，并结合时代特征，将共和盆地宗日文化陶器分为早、中、晚三期六段（图4-10）（陈洪海，2002；洪玲玉等，2012）。早期包括第一、二阶段，中期为第三、四阶段，晚期为第五、六阶段。与马家窑文化对照，宗日文化早期约相当于马家窑文化马家窑类型中期的雁儿湾—王保保期，宗日文化中期约相当于马家窑文化马家窑类型晚期的小坪子期至马家窑文化半山类型，宗日文化晚期约相当于马家窑文化半山类型—马厂类型。

第一阶段，发现墓葬15座，共和盆地制陶业的初始阶段，马家窑陶器占的比重偏大，夹砂陶占比少，但已经存在泥质细陶与夹砂陶器共存的情况，13个墓葬内陶器数量为1~3件，只有2个墓的陶器数量达到4~6件，说明陶器制作能力有限。据研究发现宗日遗址中绝大多数精美的马家窑类型泥质彩陶并非当地制造，而是从外地输入的。这表明，早期当地的制陶业尚处于起始状态，制陶业并不发达，可能以外来输入为主。

第二阶段，发现31座墓葬，宗日式夹砂陶器的数量远远超过了马家窑类型泥质彩陶，近一半的墓葬（15座）陶器数量为4~6件，约20%的墓葬陶器数量多于7件。陶器的制作原料主要是本地的陶土，陶器的类型呈现多样化。但有些陶器的器型和纹饰制作比较粗糙。这说明本地陶器制作能力明显提高，具有高寒区域特色的宗日式夹砂陶器成为主力。

第三阶段，发现33座墓葬，宗日式夹砂陶器的器型变得更加多元化，宗日陶器数量多于马家窑陶器，64%的墓葬中随葬陶器4~6件。不仅出现了多种功能的实用器，还有一些可能是专门用作随葬的冥器。在这一阶段，泥质彩陶在出土陶器中所占比例减少，根据陶土成分分析，大部分陶器都是本地产。由此来看，该阶段制陶能力进一步提升，本地产陶器器形种类和纹饰风格呈现多样化。

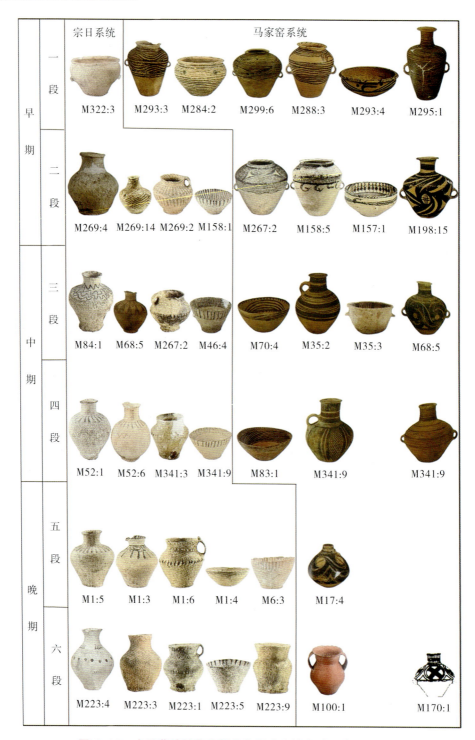

图 4-10 宗日墓地随葬陶器分期图（改编自陈洪海，2002）

第四章 宗日文化的基本特征

第四阶段，发现32座墓葬，陶器数量和种类较前阶段大体类似，单个墓葬陶器数量略有下降，本阶段制陶能力与陶器样式等与前期基本类似，但马家窑文化半山类型泥质细陶的数量已经非常少见，表明该阶段与河湟谷地的交流明显减少，获得的陶器数量大大减少。

第五阶段，发现38座墓葬，随葬陶器几乎都是宗日式夹砂陶器。制陶能力大大提高，54%的墓葬中随葬陶器数量在7件以上，随葬陶器的器型种类和数量显示生产单位减少、产量增加，但其中小型器、无彩绘或纹饰疏朗等耗费劳力较少的陶器比例增加。

第六阶段，发现26座墓葬，宗日式夹砂陶器的器型种类略微减少，尺寸以小型器为主，绝大部分只有简单彩绘或是无彩绘，这些特征都显示本地陶器生产走向衰落。

前三段均为马家窑类型，特点是马家窑类型的陶器多，宗日类型的陶器相对较少；但到晚期，宗日式陶器就占据主要优势了，甚至全是宗日式陶器，几乎看不到马厂类型的陶器了。因此可以看到宗日文化从早期到晚期墓葬里，马家窑陶器数量逐渐减少，宗日式陶器数量逐渐增多并占据主导地位。因此，由宗日文化宗日式陶器和马家窑文化陶器的变化可以看出，宗日文化在经历了千余年的发展后，自身的特点越来越明显，独立性越来越强，风格也在日趋完善，愈来愈不依赖马家窑文化了，直到最后形成了自己成熟的文化体系，并从马家窑文化脱离出去。另外需要关注的是河湟谷地马家窑文化遗址里却很少，或几乎没有出现过宗日式陶器，这说明宗日与马家窑文化在交往、交流与交融中，主要表现为马家窑文化对宗日的输入，宗日受马家窑的影响更大，而宗日对马家窑的输入和影响为辅。

结合前文可以推断，马家窑文化农业种植人群与细石器狩猎采集者在共和盆地—贵德盆地相遇，并且成规模在此定居，应该是在距今5200年左右，此时段为马家窑文化中期。细石器采集者的到来带来了新的文化元素，也与当地的文化产生了碰撞和融合，形成了独特的宗日文化。

细石器狩猎采集者是一种以狩猎和采集为主要生活方式的史前人类，他们擅长制作精细的石器工具，并在生活中广泛应用。马家窑文化人群则以农业和畜牧为主要生产方式，他们擅长制作陶器，并将陶器用于日常生活。这两种截然不同的文化在距今5200年前相遇，并在此定居，形成了

宗日文化的内涵与时代价值

独特的宗日文化。

在初始阶段,宗日系统受到了马家窑系统的深刻影响,表现为早期马家窑陶器在数量上占优势。宗日文化和马家窑文化是青藏高原两种重要的史前文化,它们在历史的长河中相互影响、交融。就像一个孩子成长过程中,从小深受父母的影响,但随着孩子慢慢长大,受父母的影响也逐渐减少。父母的影响在孩子心中深深扎根,体现在孩子的生活习惯、性格特点等方面。然而,随着宗日系统的发展,其独立性逐渐显现。如同孩子随着年龄的增长,开始逐渐形成自己的观点和个性,对父母的影响不再盲目接受,而是有所取舍。到了第六阶段,宗日系统的陶器数量已经超过了马家窑系统,说明宗日文化在很大程度上已经摆脱了马家窑文化的束缚,形成了自己的特色(图4-11)。这一变化过程实际上反映了文化发展的内在规律,在文化交流中,一种文化总是不断地吸收、融合其他文化,同时又保持自身的独立性。正是这种文化的交流与碰撞,推动了人类文明的不断发展。

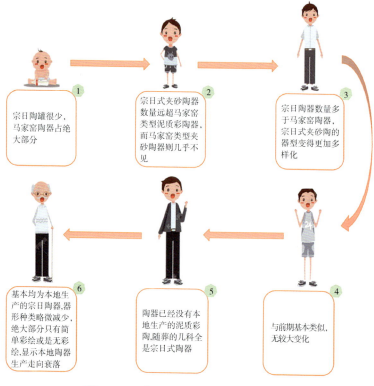

图4-11 宗日文化逐渐成熟的概念图

第三节 细石器被广泛用于狩猎采集

宗日文化中普遍发现有细石器，我们知道细石器主要是从事狩猎采集活动的主要工具，因此说明宗日文化生业模式中存在狩猎活动，而且占有一定比重。但是同时期的马家窑文化主要使用磨制，很少有细石器的踪影，反映出主要以农业种植为主，狩猎活动很有限。

一、细石器被普遍使用

火在人类生存和演化过程中发挥了重要的作用，是人类进化过程中的一次重大革命，火的强度和频率可反映迅速变化的气候环境，全新世以来火的强度和频率与人类活动密切相关。炭屑作为火与植被的直接产物，是重建区域火事件发生频率和强度的最直接证据，炭屑浓度越高火发生的频率和强度就越大，但在人类遗址区域内，人类活动越强，对应的文化层用火频率越高、强度越大，炭屑浓度越高，炭屑浓度可以很好地指示区域内的人类活动强度。此外，炭屑大小也可反应区域火事件发生的范围，粗粒炭屑（>125μm）反映地方性火活动事件，细粒炭屑则代表区域性火活动事件（蒋庆丰等，2013；李宜垠等，2010）。

在南坎沿自然剖面对沉积物做光释光和炭屑分析，发现在距今9200年之前，炭屑浓度介于2300~12000粒/克，浓度波动起伏不大；距今9200—4700年炭屑浓度介于1770~21200粒/克，浓度急剧升高，出现一个高峰和五个次高峰，分别在距今5900年、6700年、7000年、8000年、8600年、8900年，其中距今6700年时达到整个剖面浓度最大值；距今4700年后炭屑浓度介于1770~15500粒/克，浓度再次升高，在距今3800年处浓度较大（图4-12）。遗址区炭屑浓度对人类活动具有很好的指示意义。人类活动强，对应的文化层用火频率高、强度大，炭屑浓度高；人类活动弱，对应的文化层用火频率低、强度小，炭屑浓度低。从NKY剖面的炭屑浓度曲线来看，总浓度在距今8000—6000年和距今4700—3000年发生异常变化，出现两个峰值，其中距今8000—6000年峰值最大。其浓度的变化趋势与>50μm的浓度趋势基本一致，根据遗址内火事件发生频率可知，该时期的炭屑浓度可能指示了南坎沿地区古人类的用火信息，

宗日文化的内涵与时代价值

推测在距今 8000—6000 年狩猎采集人群在南坎沿地区活动，导致遗址上炭屑浓度增加，这与发现的细石器相互佐证。距今 4700—3000 年新石器人群和青铜人群在盆地内活动，炭屑浓度再次升高，与盆地内发现的新石器文化和青铜文化遗存基本对应。而从炭屑的变化趋势可知，采集狩猎人群活动强度远大于之后的新石器与青铜时期的人类活动。

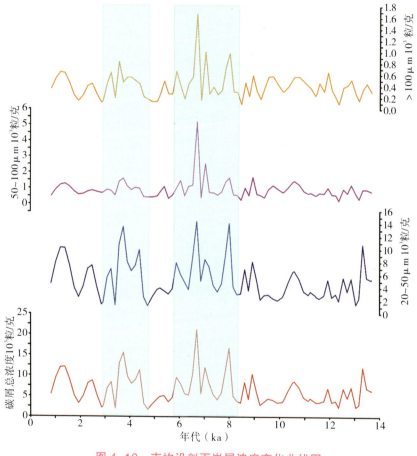

图 4-12　南坎沿剖面炭屑浓度变化曲线图

南坎沿发现较多的细石器制品，其原料主要以石为主，另外还有硅质岩和石英等。石器工业的原料部分来自河流砾石，另一部分很可能来自远距离的岩块。共采集到石制品 213 件，以细石叶工业为主体，包括细石核、细石叶、石叶、工具等典型器物，此外存在数量众多的石片和不完整石片等，其中石制品共 213 件，以细石叶工业为主体，典型器物包括细石核

14件、细石叶12件、石叶15件、工具6件，此外存在数量较多的石片和不完整石片等（戚宝正，2022）。（细石核14件，包括楔形细石核5件，半锥形细石核4件，棱柱形细石核2件，半柱形细石核1件，不规则形细石核2件。石核平均长23.3毫米、宽15.7毫米、厚19.5毫米、重9.5克。细石叶12件，平均长15.6毫米、宽5.9毫米、厚1.9毫米、重0.1克。

细石器分布在一个独立的区域，而宗日的细石器是继承了细石器狩猎采集者的传统。南坎沿遗址地形图可见细石器密集区分布在西部，磨制石器和宗日陶片分布在东部，如此的分布状况暗含着两种可能：一是细石器狩猎采集者原本就分布在三级阶地西部，而在羊曲南坎沿遗址中发现距今7200年的三级阶地西部就已经有了细石器，而宗日文化的时段是在距今5100—3600年（图4-13）。从南坎沿剖面的炭屑浓度曲线来看，总浓度在距今8000—6000年峰值最大，进而可以说明距今8000—6000年时人类活动特别强烈。第二，细石器分布区与宗日人群的生活空间是分开的，那么很可能细石器狩猎采集者有独立的生活空间。那就会产生一个疑问：难道宗日里没有细石器了么？野外考察时，在宗日墓地中发现了典型的圆锥形细石核，说明宗日文化里也使用细石器。也就是说细石器狩猎采集者早在7200年前便在此居住了，很有可能这个地方是季节性营地，而后到了四五千年前时细石器狩猎采集者就慢慢变成了宗日人群。

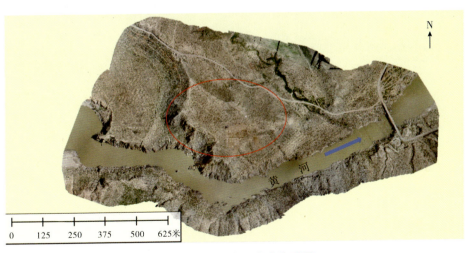

图4-13　南坎沿遗址地形图

该遗址的石器工业一方面呈现出与青藏高原全新世狩猎采集人群细石器工业的相似性，以楔形细石核和棱柱形细石核为特征（图4-14）。另一方面，南坎沿遗址细石核更具有多样性和不规则性，以及工具组合中磨制小石斧的出现，显示出宗日遗存人群独特的技术特点。此外细石器主要集中在西北部，而磨制石器主要集中在中东部。由此可知：该遗址曾有两期人类活动，其一为高原细石器采集狩猎者，其二为高原特色的新石器文化——宗日文化，进而也可以说明宗日文化和细石器狩猎采集者的关系十分密切，细石器文化成为宗日重要文化渊源（图4-15）（戚宝正，2022）。

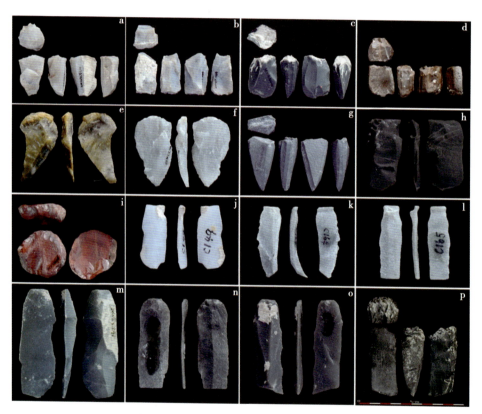

图4-14 南坎沿遗址典型石器实物图

（a.半锥形细石核；b.棱柱形细石核；c.楔形细石核；d.楔形细石核；e.石片；f.边刮器；g.楔形细石核；h.石叶；i.端刮器；j.细石叶；k.细石叶；l.细石叶；m.石叶；n.细石叶；o.细石叶；p.小石斧）

第四章 宗日文化的基本特征

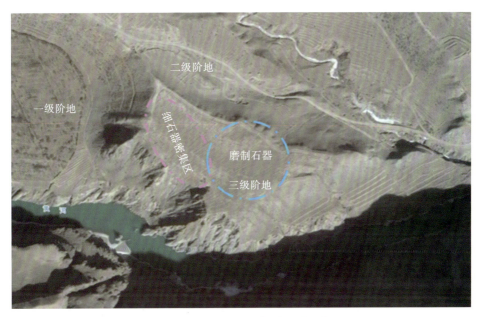

图 4-15　南坎沿遗址典型石器分布图

宗日遗址中也发现有镶嵌细石器骨刀，前面我们提到宗日人群的来源，其本身为原来高原细石器人群和早期马家窑人群交融的后裔，因此宗日人群天然擅长细石器工具的制作与使用。从宗日遗址出土石器来看，含有众多细石器、磨制石器和打制石器（陈洪海，1998）。如下图中（图4-16）宗日文化所用的镶嵌细石器骨刀柄，其特征为骨制刀柄，长条柳叶形，握手端有孔，似刃部一侧有凹槽，内残留有细石叶，明显将锋利的细石叶镶嵌在凹槽中为刃，这是细石器时代人类使用的一种工具，可以刮削、切割

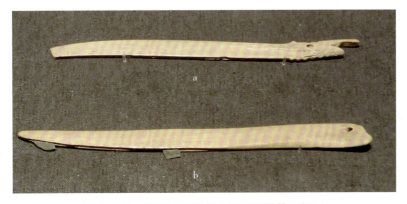

图 4-16　柳湾与宗日出土的细石器骨刀柄图
（a.柳湾齐家文化出土的动物前骨刀柄；b.宗日出土的镶嵌细石器骨刀柄）

等方式进行食物、皮革的加工处理。这种明显带有细石器文化符号的物品出现在宗日遗址中,一方面说明了宗日文化与细石器文化之间的渊源,镶嵌细石器骨刀,表明宗日文化人群对齐家文化骨器制作的影响,这样的工具非常适合高原环境中先民对广泛动物资源加工的需求。另一方面也表明了宗日文化继承了细石器文化人群制作镶嵌细石器骨刀的技术。

二、与动物关系密切

1. 南坎沿遗址

研究显示,南坎沿遗址采集的动物遗存组合以野生动物为主,其中又以偶蹄类为最大宗(98%)。在偶蹄目的可鉴定标本中,包括鹿科(马鹿、狍子、麝)、羚羊亚科(羚羊或原羚)、羊亚科和牛亚科动物,分别占15.1%、13.6%、7.5%及3%(表4-3)。其中,羊亚科中可明确鉴定到属种的标本为一件岩羊(Pseudois nayaur)和一件羚牛(Budorcas)。牛亚科中,明确鉴定到属种的为两件牛属(Bos)的标本。此外,还发现了小型哺乳动物,包括旱獭、野兔及一件鱼类标本(图4-17)。

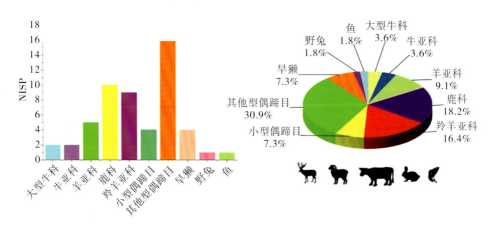

图 4-17　南坎沿遗址动物数量与占比图

以上均是依据动物遗存的形态、尺寸,同时参照现生相关动物的生态和地理分布进行的鉴定。由于标本量较少,表格中每类动物的百分比未必对整个遗址中的动物群有代表性。同时,说明当时畜牧业可能已经出现,但尚处在原始阶段,同时也存在利用黄河鱼类资源的行为(戚宝正,2022)。

表4-3 南坎沿遗址动物骨骼分析数据表

分类	目	科	属/种	可鉴定标本数量（NISP）	百分比
哺乳纲（Mammalia）	偶蹄目（Artiodactyla）	大型牛科（Bovidae indet）		2	3%
		牛亚科（Bovinae）	黄牛/印度野牛（Bos tarus domesticus/Bos gaurus）	2	3%
		羊亚科（Caprinae）	绵羊/山羊/岩羊（O. aries/C. hircus/P. nayaur）	3	4.5%
			羚牛（Budorcas）	1	1.5%
			岩羊（Pseudois nayaur）	1	1.5%
		鹿科（Cervidae）	马鹿/梅花鹿（Cervus elaphus/Cervus nippon）	4	6.1%
			狍子（Capreolus sp.）	3	4.5%
			麝（Moschus sp.）	3	4.5%
		羚羊亚科（Antilopinae）	羚羊/原羚（Gazella/Procapra）	9	13.6%
		小型偶蹄目（Small Artiodactyla）	鹿科/羚羊亚科（Cervidae/Antilopinae）	4	6.1%
		其他型偶蹄目（Other Artiodactyla）	鹿科/羊亚科/羚羊亚科（Cervidae/Antilopinae/Caprinae）	17	25.8%
	啮齿目（Rodentia）	旱獭（Marmota sp.）		4	6.1%
	兔形目（Lagomorpha）	野兔（Lepus sp.）		1	1.5%
	大中型哺乳动物			3	4.5%
	中小型哺乳动物			8	12.1%
鱼纲（Pisces）				1	1.7%
总计				66	100%

2. 宗日遗址

在宗日遗址墓葬中，发现62件细石器，占石器总数的1/4。主要类型为石核、石片与细石叶，其中的细石叶为三角形横截面，多是未加修整的半成品。发现打制石器80件，约占石器总数的32%。由于细石器与打制石器往往是伴生关系，因此宗日遗址中细石器与打制石器就占石器总量的一半。可以看出宗日遗址有强烈的细石器文化气息。

宗日遗址也普遍发现了动物骨骼，绝大部分为野生动物（安家瑗，2012）。按照统计最小个体数的基本方法，宗日遗址文化层里各种动物的最小个体数及其在全部动物中所占的比例分别为：旱獭29只，占22.7%；狍26只，占20.3%；麝19只，占14.8%；黄羊19只，占14.8%；鸟12只，占9.4%；马鹿9头，占6.3%；黄牛8头，占6.25%；狗3只，占2.3%；野猪2头，占1.6%；岩羊1只，占0.78%（图4-18）。动物中旱獭的数量最多，其次是狍、麝、黄羊、鸟、马鹿、黄牛、狗、野猪和岩羊等。这些动物不仅是自然生态系统中的重要成员，有些（狗等）也是人类历史上重要的生产生活伙伴。通过对宗日遗址中的墓葬、陶器等文化遗存的分析，推断宗日文化大致为定居的新石器文化。这一观点也得到了动物骨骼反映的信息的支持。在宗日遗址中，黄牛的骨骼占有一定的比例，其中幼年个体占了一定的数量。这表明，黄牛有可能已被驯化成为家畜，参与了人类的农业生产。然而，狍、黄牛、麝和马鹿等动物，特别是狍和黄羊所占的比例很高，说明狩猎仍然是宗日文化居民重要的生产活动，是最主要的肉食来源之一，反映了当时人们与自然界的紧密联系，也揭示了动物在人类社会发展和生活生产中的重要作用。宗日遗址的动物群结构显示，先民利用的动物资源主要为野生动物，这一特点体现了当时社会经济发展的实际情况。在遗址中，动物群的结构复杂，包括大、中、小型动物，展示了丰富的生物多样性。其中，羊亚科动物的占比最大，其次是鹿科动物，这两个科类的动物无疑是先民的重要食物来源。但值得注意的是，旱獭在宗日遗址的大量使用是一个十分特殊的现象。旱獭作为一种常见的野生动物，其肉质鲜美、营养丰富，很可能在宗日先民的生活中占据了重要地位。尽管狗是该遗址中唯一确定的家养动物，但其数量非常少，这些少量狗的遗存可能暗示着先民饲养狗并非仅为了肉食，可能与狩猎的帮手和保护聚落有关。宗日遗址中大量的野生动物也说明了狩猎是先民获取肉食资源的主要方式。在这一过程中，狗作为先民生活中的得力助手，发挥了重要作用。黄河上游谷地共和盆地宗日先民完全依靠野生动物获取肉食资源（任乐乐，2018），这说明宗日先民与野生动物关系非常密切，也反映出宗日文化狩猎占有较重要的地位，这一传统显然与高原先前的细石器狩猎采集息息相关，二者可以说一脉相承，因此宗日文化继承了细石器文化传统，细石器文化也成为宗日的重要来源。

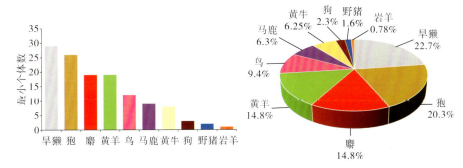

图 4-18　宗日遗址动物数量与占比图

综上所述，通过对宗日文化遗址出土的动物骨骼进行鉴定，我们得知当时人们利用的动物种类均为脊椎动物，根据它们的生态以及骨骼上反映出的特征，可以指示当时的生活环境和气候条件。根据动物骨骼的特征，可以推测宗日时代狩猎的区域主要在植被条件为草原、旷野和高原的地带，局部地段有森林分布，整体气候偏干冷。宗日文化居民基本上过着定居的生活，他们的日常生活围绕着农田和家畜展开。家畜动物占有一定比例，但狩猎活动同样频繁，推测宗日文化中狩猎经济占有相当的比重，狩猎的野生动物在宗日文化中具有重要地位。总体来看，宗日文化的生业模式主要为种植与狩猎采集混合。对宗日遗址人骨 C 和 N 稳定同位素分析，显示先民的经济模式以及食谱变化趋势，表明宗日先民食物中有碳四（C4）类植物，也有一定量的肉食，印证了遗址中主要为种植（粟黍）兼有狩猎的混合生业模式。此外，随着宗日文化从早期到晚期的发展，先民食谱中肉食类随之减少、C4 植物逐渐增加，反映了生业模式的变化趋势由早期农业狩猎混合模式演变为后期以单一农业模式为主（崔亚平等，2006）。但需要注意宗日文化可能存在少量的家畜驯养，为后来的高原畜牧经济揭开了序幕。

总之，宗日文化遗址的动物骨骼为我们揭示了当时人们生活环境和经济模式的变迁。种植、狩猎与驯养等多种生业方式并存，不仅是宗日文化居民文化来源多元性的反映，也是当时人们对生态环境变化与技术革新适应的产物，进而引起的生活方式的不断改变和调整。

第四节　独特的葬俗——石棺葬、火葬

丧葬习俗是民间精神信仰的一种外在表现，能较好地反映人们传统的社会观与生死观，也是一种比较稳定的文化内涵的具体形式。丧葬意识在中国这片古老的土地上，从葬法、葬式到葬具以及陪葬明器在不同的区域和不同的民族间有着千差万别的习俗。根据研究，青藏高原的丧葬习俗至少出现于距今5300年左右。宗日文化除了独具特色的宗日式陶器以外，它的埋葬习俗也是别具一格的（图4-19），其中尤以石棺葬、火葬、二次扰乱葬、俯身直肢等最为突出。这类多种葬俗较为集中出现的墓葬也是宗日墓葬的特点。

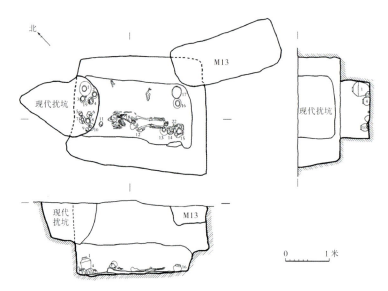

图4-19　2020年宗日遗址M5墓葬平、侧视图（乔虹等，2022）

1、15、16：泥质彩陶瓮；2、4、6：夹砂单耳陶罐；3、5、11：夹砂双耳陶罐；7、10、13：泥质彩陶壶；8：夹砂双錾彩陶罐；9：夹细砂彩陶小壶；12：夹砂彩陶瓮；14：泥质单耳彩陶罐；17：泥质彩陶盆；18、19、20：绿松石饰；21：穿孔饰；22：鹿角

第四章 宗日文化的基本特征

一、石棺葬

1. 宗日文化石棺葬的特征

石棺葬是一种比较特殊的墓葬形制，具有明显的地域特征文化。石棺就是以石为主材料，垒砌而成或以石板、页岩、石条拼凑成各种不同形制的葬具。在史前时期主要流行于我国的西北、东北地区。两个不同区域的石棺葬俗，独立起源，并得以发展与繁衍（李水城，2011）。

宗日遗址出现了中国西部地区年代较早的石棺葬，也成为西北地区独特的一种葬俗。宗日遗址发掘了21座具有石质葬具的墓葬，其中8座有确切的石棺葬。宗日石棺葬是在竖穴土坑墓中用石板沿四周砌好石椁。宗日遗址石棺葬可主要分为完整型、简易型和复合型（陈洪海等，1998）。完整型石椁一般由盖板、挡板、侧板组成。如1995TZM180墓室是一座较为规整的竖穴土坑石棺墓，墓穴平面呈长方形，由盖板、挡板、侧板组成，无底板（图4-20）。盖板是由5个石片组成，左侧侧板由5片石板

图4-20　宗日1995TZM180石棺墓图（青海省文物考古研究所，2022）

宗日文化的内涵与时代价值

拼接、右侧侧板由 5 片组成,挡板分别由 2 片石板拼接。简易型石椁是石椁或无盖板,或无侧板。复合型石棺葬数量较少,由石板和木板组合而成。1996TZM322 墓室是一座复合墓。墓穴为圆角长方形,设有二层台阶。第一层石盖板的头部位置有一块较大的椭圆形石片。第二层盖板由 9 片形态较为规整的石条组成。侧板与两端的挡板均由木板构建,无底板。宗日遗址发掘的石棺葬均无底板,盖板也不普遍。这与川西金沙江流域发现的新石器晚期的石棺葬有些差异,金沙江流域的石棺葬多有底板与盖板。

石棺葬平面形状多为圆角长方形和椭圆形。而圆角长方形实际上多数就是长方形的变化,在挖掘工具比较原始的条件下只能做成圆角形状。立体结构多为竖穴土坑墓,另有一部分附有二层台。二层台是先挖一个比较大的范围做墓圹,之内下挖成墓室,之间留下的就是二层台,因此,多为生土二层台。这类二层台比较高,与原始地面高度相差较多。偶见熟土二层台,这类台面是在完成墓室后,在石椁外围进行填土。这类台面几乎与棺椁高度一致。二层台一般是四面皆有,个别的仅在一面,就形成了近似偏室墓结构的葬式。

在宗日墓地中主要发现有仰身葬、俯身葬和侧身葬以及一次葬与二次葬的区别。仰身一般为直肢葬,俯身和侧身有直肢葬和屈肢葬两类。宗日墓地的石棺葬多为俯身葬,有双人二次扰乱附身直肢葬和仰身单人直肢葬式。但是由于宗日遗址较盛行二次扰乱葬,原始的葬式也受到了较严重的干扰。

宗日墓地的随葬品主要有作为生活用具的陶器及大量的装饰品,如绿松石、石株、骨珠、骨腕饰,以及贝类。其中,具有实际用途的生产工具类较少,且陪葬物品尤其陶器数量没有像同一时期马家窑文化的多。随葬物品大多在 1~12 件,12 件以上较少。比如 1996TZM322 墓,陪葬物品有 3 件陶器,以及大量的骨珠和绿松石(图 4-21)。

宗日遗址的石棺葬既有它的独特地域性,也有它的共性。宗日遗址石棺葬的习俗从新石器时代至历史时期在青藏高原得到了继续的传承与发展,成为北方草原地区常见的一种葬俗。在长江上游参雄尕朔、普卡贡玛等遗址也均发现了石棺葬俗。这与霍魏先生指出的沿着金沙江流域向南部横断山脉地区,向西折沿着雅鲁藏布江向西藏的传播路线较为一致。

第四章 宗日文化的基本特征

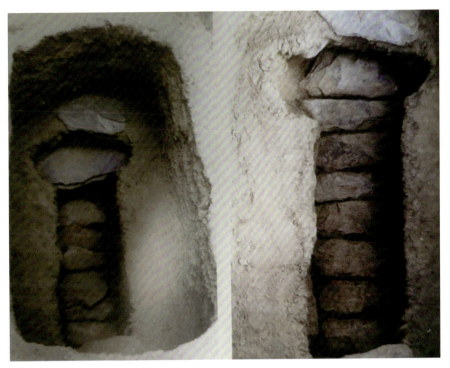

图 4-21　宗日 1996TZM322 墓第一层（右）与第二层石盖板（左）图

2. 青藏高原东部石棺葬的时空演变与发展

我国出现的最早的石棺葬之一出土于青海宗日遗址。大致在同一时期，长城沿线辽西、内蒙古东南部及河北北部的红山文化（距今约5000年前后）中也出现了积石冢与石棺葬的葬俗。红山文化中石棺葬数量较少，石棺结构也较特殊，有石棺也有石椁。积石冢较为明显，在辽宁西部凌源和建平两县交界的牛河梁遗址群发现了10余处大型积石冢。每座积石冢的中心用石块或石板垒砌大墓，周围分散小型石棺葬。到了夏家店上文化层（距今3000年前后），在十二台营子文化、吉林省西团文化等均发现了不同规制的石棺葬俗，石棺葬的数量也开始明显上升。

宗日遗址中发现了目前青藏高原最早的石棺葬。遗址中大多数墓葬没有葬具，石棺葬数量也较少，有堆石习俗，多堆于墓中。到半山时期（距今4500—4300年），石棺葬数量在西北地区有所上升，甘肃景泰县张家台发掘的22座墓葬，近一半为石棺葬（甘肃省博物馆，1976）。到青铜时期，甘青地区的辛店、卡约、寺洼文化中均有石棺葬的习俗。在青海刚察县砖瓦厂发掘的一处卡约文化（距今 3555—2690 年）墓地，51 座墓葬中有石棺葬 21 座（王武，1990；闫璘、徐红梅，2009）。民和县核桃庄小旱地辛店文化墓葬共发掘墓葬 367 座，围石墓和石椁墓共 5 座（闫璘、徐红梅，2009）。

在青铜时期，在长城沿线自东北，经西北再至西南的这条弧状带上均有石棺葬的分布（霍魏，2013）。石棺葬开始流行于青藏高原东部地区的川西高原、藏东高山峡谷和云南滇西北横断山高山峡谷区域。大约在商周之际，在四川西北部的岷江上游出现了典型的石棺葬。这种特殊结构的墓也被称作"石板葬（墓）"或"石室葬（墓）"（冯汉骥、童恩正，1973）。岷江上游石棺葬中所发现的双耳陶灌与甘青的地区的双耳罐有较明显的相似之处（夏鼐，1949；冯汉骥、童恩正，1973），同时，在石棺葬中贝币和绿松石的出现也说明二者存在文化的交流与传播；除此之外，在川西北与西南地区石棺葬中发现的骨器与铜器也较为相似。甘青地区的寺洼文化中发现的多为小件装饰品或是武器等随葬铜器，这些器物在川西北及甘南等地区也有发现，两地发现的随葬铜器造型也很相似。在川西北石棺葬中发现的骨针一般存放于一种骨管内，这类骨管在甘青地区的齐家文化、寺洼、卡约文化中较为常见。在川西北地区记录的最早的石棺葬发现于茂县遗址，随葬陶器有早期寺洼文化陶器风格，其年代大致相当于中原地区的晚商或商周之际（李水城，2011）。由于石棺葬大多分布在高原东部海拔较高的山地河谷中，自然条件相对较差，加之与内地远山阻隔，很快便成为一种具有强烈区域色彩的文化因素。此后，石棺葬在青衣江、大渡河、雅砻江一带继续扩展，进而持续地影响到西南地区的广阔丘陵山地，并沿着南北向的河谷传播到金沙江上游、滇西北、藏东等地（图 4-22）。时至今日，此葬俗在西南某些偏远地区仍可见到（李飞，2011）。可以看到中国西部的石棺葬这种葬俗起源于青藏高原东北部一带，随着人群与文化的传播，经甘南，传入川西北，再传入西南地区。同时，随着石棺葬一起传播的还有随葬陶器和铜器，比如羊角纹大耳罐，其特点为宽繁大耳，罐腹部流行左右对称的螺旋状磨压暗纹羊角纹，有些会用小铜泡镶嵌器身。石棺葬随葬的铜器多以武器、工具和小件装饰品为主，器类和造型显露出浓郁的北方草原特色（冯汉骥、童恩正，1973）。从葬俗与随葬物品也能看到古代甘青地区与川西高原、滇西高原金沙江、雅砻江、大渡河以及岷江流域等之间文化的交流与传播。

图 4-22　火葬与石棺葬的传播路线图

二、火葬

火葬是较为古老的葬俗之一，其葬俗是用大量的薪柴将尸体进行焚烧。火葬是人类借用火对身体的一种净化方式，应是一种较为古老的信仰（Jones，2017）。对此，众说纷纭，有学者认为火葬是源于原始宗教中灵魂不灭的信仰，也有学者认为火葬是一种净化魂魄，使灵魂从躯体中分离出来的葬式。在我国烟火一直用于各种祭祀活动中，烟气被认为是神与人的媒介，烟火可以将人类的祭祀品与愿望传递到人类无法触及的天空或是神（李锦山，2002），因此，也有学者认为火葬是一种死者去往天堂的路径。这一说法在火葬较为盛行的斯拉夫诸部落中较为常见（谢亚·托卡列夫，1985）。而火葬主要有三种不同的方式：一是尸骨焚烧后，将骨灰撒入河中或扬之空中；二是焚尸后将骨灰装入陶罐中，并进行埋葬；三是先将逝者进行下葬，日后再掘墓烧棺。

1. 宗日火葬墓

青藏高原墓葬已经出现于马家窑文化时期，推测在仰韶文化庙底沟类型可能有墓葬，但较多的墓葬被发现于马家窑时期，这也说明了人类对生死观的认知有了更进一步的加深。宗日文化中有火葬习俗，是青藏高原新石器时代的较为特殊的一种墓葬习俗。宗日遗址中火葬习俗分为两种：其一，入葬与焚烧同时进行，表现为葬具焚毁、墓穴四壁都有火烧痕迹，骨骼虽然也遭到焚烧可是大致保留了正常的次序，这类墓葬在二次扰乱时仅仅破坏了墓葬中人骨的上部墓穴的部分，而人骨下半部墓穴部分焚烧后填埋的样子并没有被扰乱（图4-23）。其二，二次扰乱后再焚烧，表现为墓壁遭到破坏处也被烧烤成红色，烧过的骨骼散乱在填土里面，并且缺失现象比较严重。在二次扰乱葬中也有多个墓穴同时被扰乱的现象。在宗日墓葬中有三座墓葬同时被扰乱，墓穴上部连成一个大坑，灰烬、烧土、骨骼散乱在一起。这两种情况都是另一种形式的火葬墓。墓穴上多数是竖穴土坑结构，均有木质葬具；尸骨多为二次扰乱葬，尸体摆放姿势已无法辨认（图4-24）。

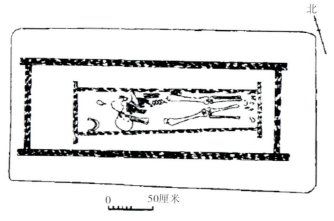

图4-23　M168平面图（陈洪海，1998）

图4-24　宗日遗址中的二次扰乱墓葬图（乔虹等，2020）

> **小贴士**
>
> 二次扰乱葬是甘青地区新石器时代至青铜时代流行的一种特殊葬俗，即将先前墓葬挖开后，对其中的尸骨进行扰乱，最后将头骨放入，再次填土。

宗日墓地中发现了近 10 座火葬墓（陈洪海，1998）。美国民族学家克劳伯认为，在一个部落中处置尸体葬俗常限于这一部落社会信仰与社会结构，同时，在一个部落中可以有多种不同的葬俗，且不同的葬俗适用于不同的人群，并具有不同意义。宗日遗址中竖穴土坑墓、无葬具为大宗，火葬、石棺葬、木棺葬数量较少，应属某种特殊的人群。

2. 火葬习俗的时空演变与发展

火葬曾在世界多个民族中流行过。自中石器时代在欧洲，东起第聂伯河，西至大西洋沿岸均有火葬习俗（Jones，2017）。火葬是我国史前时期较为少见的一种葬俗。1945 年 4 月，夏鼐先生在甘肃省临洮县清理寺洼文化墓葬时，首次在我国西北的甘青地区发现火葬习俗（夏鼐，1961）。寺洼山墓中发现在一个寺洼陶罐中存放着逝者的骨灰，且陪葬的陶器都属寺洼文化的陶器，人们一度认为火葬是寺洼文化中特有的一种葬俗。直到 1980 年在循化阿哈特拉山卡约文化墓地和喇嘛坟遗址的辛店文化墓葬中再次发现了火葬的习俗（刘小何等，1982）。夏鼐先生推测其葬俗为西北地区古代的氐羌族葬俗。后来，陆续在苹果园墓地、循化苏呼撒墓地、上半主洼遗址、直岗拉卡砂料场墓地、宗日遗址等发现了火葬葬俗（图 4-25）。

宗日遗址在 1994—1996 年经过 3 次发掘，共清理 341 座墓葬，其中火葬墓发现不足 10 座，多为半山时期（陈洪海等，1998）。火葬墓主要有两种情况：一是入葬时焚烧，如 M168；二是二次扰乱时焚烧，如 M229、M230、M231。相似的情况还出现在青海省尖扎县直岗拉卡砂料场墓地的半山类型墓葬（李梅菊、孙小妹，1992），循化县苏呼撒墓地 65 座半山类型的墓葬中发现 4 座葬墓中的尸骨大部分或部分被火烧过（青海省文物考古研究所，1994）。到了青铜时代，齐家文化时期，甘肃临潭陈旗乡磨沟村磨沟遗址清理出墓葬 1688 座，其中 21 座属于寺洼文化墓葬，其余皆为齐家文化墓葬。在齐家文化墓葬中发现 10 余座火葬墓。火葬墓

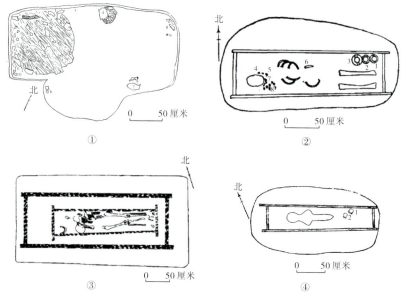

图 4-25　青海地区不同文化火葬墓

①循化苏呼撒半山火葬墓；②同德宗日火葬墓；③④循化上半主洼、卡约文化火葬墓

均采用遗体经焚化、骸骨经碎化处理后再盛入陶器的形式，如 M285、M434、M469、M610 等（毛瑞林，2013）。

卡约与辛店时期火葬墓发掘的数量越来越多。这类墓葬不是将尸骨焚烧后再进行埋藏，而是在墓穴中将木棺点燃焚烧，然后再将墓葬掩埋（青海省地方志编纂委员会，2001）。在青海省化隆县上半主洼墓地发现一座棺面上有烧灰痕迹，另一座是用泥土包裹尸骨再进行焚烧，墓室内和棺木无烧痕。同时，循化县苏志苹果园、民和喇嘛坟等辛店文化时期墓地均有火葬墓（青海省文物考古研究所等，1991；青海省地方志编纂委员会，2001）。而追根溯源，宗日遗址是目前我国西北地区发现的最早的火葬葬俗的遗址。

青铜时期至历史时期在新疆、藏南、西南等区域也有零星的火葬习俗。新疆塔什库尔干的香宝宝墓地和下坂地墓地皆有火葬墓的发现。墓葬中既有将火化后的骨灰埋入墓穴的，也有在墓中火化的葬俗（新疆社会科学院考古研究所，1981）。温泉县的阿敦乔鲁墓地、尼勒克县的汤巴勒萨依墓地、特克斯县阔克苏西 2 号墓地、乌吐兰墓地等均未在墓中发现火烧土、灰迹等，但有烧骨堆于墓中。库尔勒上户乡墓地发现已被焚化成木炭、焚烧过的草木灰等。综上所述，其火葬葬俗中主要有两种，一种为火化后入葬，另外一种为墓中火化。据考古发现推测，有学者认为新疆地区的火葬源于安德罗诺沃文化，后来随着甘青彩陶文化的不断西进，对新疆地区的火葬传统也产生了一定的影响（王艺霖，2022），但若据此论断，依然需要进一步的佐证。

在藏南信仰苯教的墨脱门巴族，依然有着与宗日较为相似的火葬习俗。门巴族将逝者葬入土中，堆土封顶，在墓穴四周插上竹子，一年之后再掘墓焚尸（李锦山，2002）。这与宗日的二次扰乱的火葬具有异曲同工之处。

西南地区的岷山上游理县子达岩发现有两座石棺火葬墓，是先火化再埋入墓穴中；四川凉山彝族自治州普格小兴场大石墓的火葬墓，墓内发现被火烧过的人骨，少许木炭和火烧土。云南剑川鳌凤山墓地的火葬墓数量较多，都是在夹砂陶器内发现装有烧骨，同时，发掘的土坑墓中的陶器、葬式都与甘青地区有着千丝万缕的关系（云南省文物考古研究所，1990）。会泽水城村汉墓的火葬墓是在土坑墓内埋入装有碎骨的陶质火葬罐。泸西县石洞村墓地、大逸圃墓地也发现了火葬墓。

这类葬俗在云南纳西族也较为常见。纳西族将逝者捆成屈肢状，放入木棺，寄存在地穴中，过段时间随棺焚烧。在纳西族中，人们会对凶死的人，先土葬，后期再掘封火葬。这些葬俗几经演变，已与宗日的火葬形制有些差异，但依然存在宗日火葬的因素，及二次扰乱的习俗。这种现象与西北地区氐、羌民族南迁的历史事件密切相关。

综上所述，宗日墓葬习俗为青藏高原后期的葬俗提供了依据。同时，也不难发现宗日文化的葬俗随着高原人群的迁徙呈辐射状向周边扩散，遍布于川西高原、云贵高原及藏东、藏南谷地等，为高原人群的迁徙、语言的传播与演变提供了一定的借鉴。宗日墓葬习俗较为全面地诠释了新石器时代高原土著人群较为稳定的精神信仰及对生死的认知。表明宗日人群已对死亡后的何去何从有了一定思考，尤其是二次扰乱、火葬习俗更能说明当时的宗日人群已对灵魂与躯体有了更深的理解。

3. 其他葬俗

墓葬是史前文化中重要遗存独立的完整单位，是当时的人们社会生活中丧葬制度物质化的体现，保留当时社会生产、生活、社会风俗、思想与精神世界等诸多信息，因而弥足珍贵。在宗日文化遗址中也有数量不少的

宗日文化的内涵与时代价值

墓葬，埋葬习俗也独具一格，主要以二次扰乱葬、俯身直肢葬最为突出。

新石器–青铜时代甘青地区的墓葬，有一个很大的特点为尸骨散乱、骨骼缺失严重（夏鼐，1961）。安特生起初在青海西宁朱家寨半山类型墓葬发掘中发现了这个特点，百思不得其解，认为是地震造成。之后随着考古发掘的深入，发现这种现象在甘青地区非常普遍，人们逐渐意识到这是一种独特的埋葬习俗。马家窑文化早期的石岭下类型作为仰韶文化庙底沟类型与马家窑类型的过渡阶段，该遗址第四期的5座墓葬皆为二次葬，这种对尸骨漫不经心的态度与后期典型的二次扰乱葬如出一辙，因此马家窑文化早期的石岭下遗址成为甘青地区二次扰乱葬的最早的源头。

在马家窑类型时期二次扰乱葬在甘肃地区基本销声匿迹了，河湟谷地二次扰乱葬则较多，数量还多于一次葬；青铜时代的前期齐家文化时期，二次扰乱葬依然在河湟谷地仍比较盛行（以青海互助总寨比例最高），并扩散至河西走廊；进入青铜时代后期，二次扰乱葬仍然是河湟谷地卡约文化与辛店文化中较为流行的葬俗。可以看到二次扰乱葬的分布区随着时间变化而不断变化（图4-26），但青藏高原东北部的黄河两岸始终

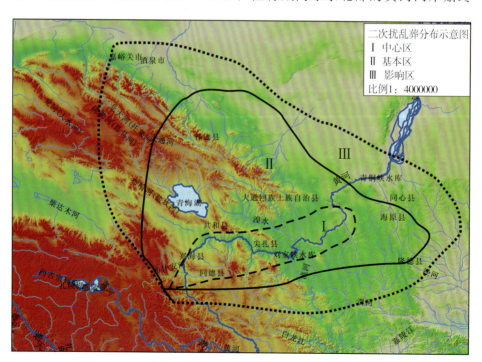

图4-26　二次扰乱葬分布示意图（改绘自陈洪海，2002）

第四章 宗日文化的基本特征

是二次扰乱葬的中心区（陈洪海，2002）。宗日墓葬中墓葬约有 32% 属于二次扰乱葬，如此高的比例说明宗日文化可能是早期二次扰乱葬分布的中心区域，也可以说二次扰乱葬是宗日文化墓葬习俗重要的传统。二次扰乱葬是甘青地区独特的葬俗，自马家窑文化石岭下类型开始，宗日文化、齐家文化、辛店文化等甘青地区的史前文化便不断延续着这种独特的葬俗，并且不断影响着周围地区。

尸骨摆放的姿势也是一种重要的埋葬习俗，甘青地区的史前墓葬中比较常见的尸骨摆放方式为仰身，又可以细分为仰身直肢葬、侧身直肢葬和俯身直肢葬三种。宗日遗址有仰身葬，但墓地出土了大量的俯身葬（图4-27），这可以说是宗日文化最盛行、最主要的葬俗，也是宗日文化的一大特色。因此可以说俯身葬中心区就在宗日文化分布的青海省海南州黄河两岸，而在甘肃及青海东部地区马家窑流行仰身直肢葬。这种葬俗最初形成在马家窑文化类型时期，集中且独立，到半山-马厂时期分布范围有所扩大，并且沿黄河向东扩散到循化、向北进入到湟水流域，到齐家文化时期时，中心范围缩小回海南州范围，之后也有少量分布（陈洪海，2002）。

图 4-27　宗日俯身葬图（乔虹等，2022）

> **小贴士**
> 俯身葬是将死者背部朝上俯身而葬的一种特殊葬俗（赵江运等，2019）。

宗日文化的内涵与时代价值

在发掘宗日文化墓地之前，俯身葬虽有发现但不成规模。在宗日墓地马家窑时期俯身直肢葬占据了主要地位，到半山－马厂时期这种葬俗更是占据统治地位，俯身直肢葬的宗日文化墓地是对于甘青地区葬俗独特的贡献。俯身直肢葬形成于马家窑时期，稳定发展到半山－马厂时期，到齐家文化时期时宗日墓地的俯身直肢葬趋于消失。

表 4-4　埋葬次数与人骨姿势统计表（陈洪海，2002）

埋葬次数	仰身葬（座）	俯身葬（座）		侧身葬（座）		不明（座）	总数（座）	百分比（/%）
	直肢	直肢	屈肢	直肢	屈肢			
一次葬	11	38	1	1			51	31
二次葬	10	34	2	7	1		54	32
不明						62	62	37
总数	21	72	3	8	1	62	167	100
百分比/%	12.6	43.1	1.8	4.8	0.6	37.1	100	

宗日遗址的墓地主要分布在靠近河流阶地的前沿位置，而河湟谷地地区的墓地背靠山地居多，宗日墓葬中人头向基本与墓穴方向一致，墓地遗骸中 72% 的头向指向为西北，结合宗日遗址附近黄河干流的流向大体为自东南流向西北（图4-28），且古代人群墓葬的头向有一定含义，可能与群体来源方向有关，如果按照这个思路，则宗日遗址中大部分人来自黄河下游方向，即海拔较低的马家窑文化分布的河湟谷地。同时宗日遗址中又有墓葬中 14% 的头向指向东南，该方向大体指示了海拔较高的阿尼玛卿山脉与青海南部高原，表明有少部分人群来自高原地区的细石器文化人群。因此从人群来看，宗日文化是马家窑文化人群与高原细石器文化人群共同影响下的独特的青藏高原土著新石器时代文化。

墓葬人头朝向指示的人群比例，是一个非常有趣的结果。我们知道，高原细石器狩猎采集者，是一个规模不大、频繁迁徙，几乎完全依靠从自然中攫取获得食物，对于青藏高原这种自然环境极端严酷的区域，植被生产力非常低下（陈胜前，2006），对自然环境的依赖非常严重，环境承载力严重制约了人口的数量，因此细石器文化人群数量非常有限。对于农业种植者来说，通过种植来主动进行食物生产，定居生活方式来汇集人群、自然环境虽然对人群有限制，但种植者面对自然的生存能力大大增强，可以养活更多的人口。因此我们可以想见，5200年前共和盆地，在种植者与细石器狩猎采集者交往、交流与交融过程中，也就是宗日文化产生演变过程中，马家窑农业种植者的数量占多数，而细石器狩猎采集者数量并不多。

图 4-28　宗日遗址黄河流向图

表 4-5　宗日墓地头向与人骨姿势表（陈洪海，2002）

头向姿势	西北（座）	东南（座）	西（座）	北（座）	东北（座）	西南（座）	总数（座）	百分比（/%）
俯身	69		3	5			77	46.1
仰身	6	11					17	10.2
侧身	7		2				9	5.4
不明	38	12	7	1	3	3	64	38.3
总数	120	23	12	6	3	3	167	100
百分比/%	71.8	13.8	7.1	3.6	1.8	1.8	100	

第五章

宗日时期的文化交流

文化是一个民族赖以生存和发展的根基,是民族生命力、创造力和凝聚力的集中体现,在历史的长河中,一切人类文明形态都不是亘古不变的。在青藏高原人类文明长期发展的过程中,宗日文化就像一颗璀璨的明星,不仅是黄河上游重要的史前文化遗址,更是中华文明的重要组成部分,以自己鲜明的文化特色展示着青藏高原东北部人类文明的多样性,散发着独特的魅力。因此,深入挖掘研究宗日文化,不仅有助于促进黄河流域高质量发展,而且有利于书写中华民族共同体意识的新篇章。

> **小贴士**
>
> "宗日"藏语意为"人群聚集的地方",宗日文化是青海新发现的新石器时代晚期极富地方特色的土著文化,在青藏高原史前文化中占有不可替代的重要地位。

第一节 宗日文化的"定居革命"

一、从游猎走向定居

青藏高原虽风景优美,但自然环境恶劣,古往今来都不是人类居住的理想之地。全新世中期,在良好的气候背景下,人类文明"百花齐放",青藏高原东北部存在马家窑文化区、宗日文化区和青海湖细石器文化区三大文化共存的地域格局。在马家窑文化到来之前,高原东北部土著人群一直以采集狩猎为主要生业模式,生产工具主要以细石器等为主。因此,宗

第五章 宗日时期的文化交流

日人群到底如何从狩猎采集文化向农耕种植文化过渡,从而实现了定居,一直以来受到广泛关注。

聚落是指人类社会发展到一定阶段的产物,是人类居住和进行各种活动及生活生产的场所,包含居址和墓地等功能区划(李力,1996);房址则是指有别于聚落的一个时空与组织概念,居址包含了从狩猎采集营地到村,再到城的一个完整的生存网络结构,即某一遗址中,与墓地相对应,以居住为主要功能的分区,也可称为遗址中的居住区,一般伴随有窑址、窑穴、柱洞、灰坑等人类活动遗迹(陈淳,1997;辜雪梅,2021)。

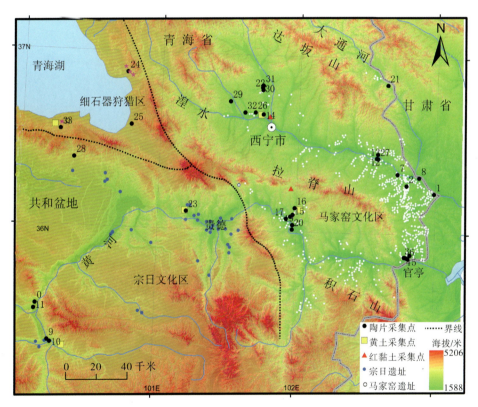

图5-1 全新世中期距今5300—4000年史前文化区系图

1. 青海东部新石器时代的"定居之路"

仰韶文化是中国北方新石器文化的代表,实现了定居并建筑房屋,与此同时高原细石器文化仍处于居无定所,四处迁移的生活方式。如仰韶文化姜寨遗址(图5-2),是较完整地揭示出其聚落布局和结构的遗址。姜

宗日文化的内涵与时代价值

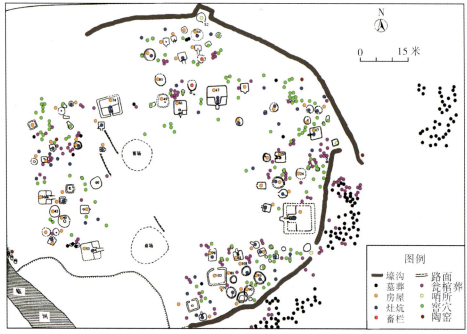

图 5-2 仰韶文化聚落姜寨遗址遗迹和复原图

寨遗址位于陕西临潼区的关中平原，是仰韶文化早期聚落的代表，形状呈东西长约 160 米的椭圆形，面积约 1.9 万平方米；聚落有功能分区，包括居住区、烧制陶窑场和墓地三部分。中央为居住区，周围北、东、南三边都环绕有壕沟，壕沟东侧为墓地区，居住区西部为窑场。居住区房屋密集，布局整齐，以中央广场为中心，围成圆圈状，门朝向中心广场。房屋数量达到117座，房屋分为大中小三类，以面积15平方米的圆形和方形的小房屋为主；中型房屋是半地穴式方形，面积20~40平方米，分散布局在聚落四个方位，周围有小房子围绕；大房子数量最少，只有5个，平均面积在83平方米，应该是集会议事、举行节庆活动和仪式的场所，周围有若干中型和众多的小房屋，每个大房子及其周围的若干中小房子，构成一个较大单元，显示出明显的小中大三层围绕环拱的布局形式。因此姜寨共有5个大单元，显示出这是5个氏族的聚居地，每个氏族人数在90~120人，各氏族之间又存在亲缘关系，组成一个聚落。这些聚落形态上呈现出中心凝聚式布局，注重防卫设施的建设，反映出单个聚落内居民有很相近的亲缘关系，依靠血缘纽带具有较强的凝聚力，是一个相对独立的、较为封闭的集体，属于自给自足的自然经济；与外部有联系，但是并不紧密，有强烈的防御需求。也反映出聚落之间并未形成明显的组织，可能处于松散的、各自为政的状态，聚落之间难免发生争斗（严文明，2017）。

距今6000—5500年，迫于人口和资源压力，来自甘肃东部的一部分仰韶文化人群带着先进的制陶技艺、农业种植技术和定居生活方式，开始向西扩散，到达青海东部的民和、循化、化隆等地以寻求"理想居所"，沿着黄河、湟水及其支流的河流两岸繁衍生息，并且逐渐替代细石器文化的地位，成为青海史前农业生产规模最大的地区，青海开始步入史前农业文明时期（肖永明，2013）。随着仰韶文化的到来，相信新石器时代定居与房屋建筑等也被带到了青藏高原，由于高原上至今未全面揭露仰韶文化时期的聚落，我们只能从一些考古发掘寻求些线索。其中，安达其哈遗址总面积约2.4万平方米，距今约有5900年的历史，地处黄河支流伊沙尔河东岸的二级阶地，是仰韶文化庙底沟类型的文化遗存。经2003年青海省文物考古研究所考古发掘发现，共发掘房址19座，灶坑6个，灰坑30个，出土遗物有陶器（变形葫芦口型瓶、敛口钵等）、细石器、细石叶、动物骨骼等，是迄今为止青海发现最早的有陶的新石器时代的遗址，也是仰韶文化最西的遗址之一，这些证据足以证明先进的农业生产技术和定居生活模式被安达其哈先民所接受，并且"发扬光大"（乔虹，2013；肖永明，2013；任乐乐，2017）。此外，在民和胡李家遗址和阳洼坡遗址也发现仰

韶文化时期的房址，说明此时河湟谷地普遍出现了房屋和聚落（图5-3）。因为属于仰韶文化，推测此时河湟谷地聚落形式与仰韶早期姜寨遗址聚落类似，由于受高原自然环境和承载力的限制，可能规模有限。

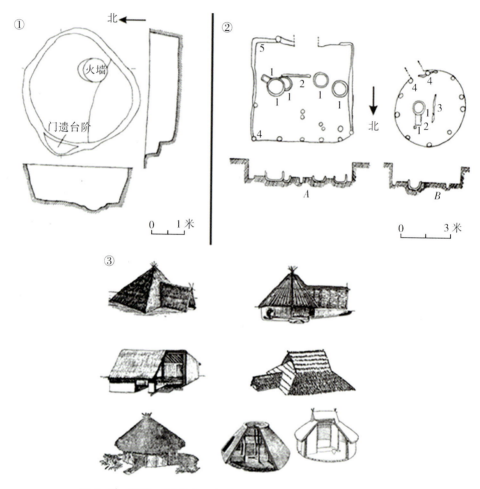

图5-3 仰韶-马家窑文化典型房址图（任晓燕等，2002）
①胡李家遗址F3平面和剖面图；②阳洼坡遗址F3（A）和F4（B）平面和剖面图；③仰韶-马家窑文化典型房屋复原

到了马家窑文化时期，河湟流域的细石器狩猎采集文化已基本被新石器农业种植文化所替代，黄河与湟水河谷也逐渐成为马家窑文化的最佳传播通道，给高原细石器人群和马家窑新石器人群的融合搭建了"友谊桥梁"。面对全新时代的到来，这些世居于高原以狩猎采集为生的细石器人群开始

第五章 宗日时期的文化交流

勇敢尝试吸收来自马家窑新石器文化的"新鲜血液",并在长期的发展中,与其长期共存,在共存中交流,在交流中进步,由此进入了以农业种植为主的定居时代。截至目前,青海省东北部发现多处含有房址的马家窑文化遗址,如青海同仁土干木遗址、尖扎河东台遗址、化隆亚曲滩遗址、化隆哇家滩遗址、民和马厂塬遗址等(肖永明,2013)。

亚曲滩遗址位于化隆回族自治县德恒隆乡亚曲滩村西黄河左岸的一级阶地上,海拔2050米,遗址西侧为黄河,隔河与尖扎县昂拉乡相望(图5-4)。共发掘遗址面积750平方米,清理出一批距今约5000年的马家窑文化房址、窑址、窖穴、灰沟及灰坑等,出土文物近百件,主要为陶器和石器,

图5-4 化隆亚曲滩遗址中房址图(上F2、下F1,均为马家窑类型)
(摘自《再现文明》)

以房址、灰坑及灰沟中出土最多。其中，包含两座房址，面积约 25 平方米，房址结构为半地穴式，房址内灶坑、门道齐全，结构较为完整，房内有一大一小两个盆状火塘，沿墙壁有若干柱洞，且房址中部有一排柱洞把房子一分为二，被烧成炭状的木柱残痕仍清晰可辨，居住面及穴壁俱被烧烤成红色，显然该建筑因失火被焚而废弃；窑址由于平整土地，大部分已遭破坏，仅剩部分窑室底部和火道，且不远处发现有制作陶器的工作面及取陶土时所挖的圆形大坑。此外，清理发现遗址东部有一条呈南北向的灰沟，底部较平，沟内填满松软的灰土，出土较多的马家窑文化陶片及石块。据研究发现，该沟原为自然冲沟，后作倾倒垃圾之用，所清理的十几个灰坑形制不一，结构多样，有圆形、长方形、袋状等，除少量为当时储藏东西的窖穴外，大多为倾倒垃圾之用（王忠信，2013）。

马家窑文化河湟谷地的聚落也进入大发展时期。定居聚落如雨后春笋般在河湟谷地成长起来，单从数量来看，从仰韶的不足 20 处，直线式上升到马家窑类型有聚落 280 余处，到了马厂类型达到 500 余处。尤其是在马厂时期，不仅聚落数量达到新石器时代的顶峰，而且出现新变化。聚落等级开始分化，在大量面积数千平方米的小型聚落的基础上，出现了多达 10 万以上平方米的中型聚落，指示着可能出现了区域的中心聚落，聚落之间联系、社会复杂化与权力逐渐加强。与此相随的是社会生产力提高，出现专业分工和专业型生产聚落。例如在马厂时期黄河岸畔的兰州白道沟坪，中部为居住区，西部为墓地，东南部是面积很大的陶器制作场，发现数量较多的陶窑泥制坯土坑、石研磨盘和陶碟等制陶场所和用具，陶窑多已损毁，现存的分为中部、北部、南部和东部四组，分别有陶窑 5 个、4 个、2 个和 1 个。每组中部有个大坑，窑门均对着大坑，以便可以同时烧窑；推测该地陶窑数量有数十个，正可谓是规模巨大的陶器制作场，由此推测该聚落生产的陶器并非仅仅满足本聚落使用，应该用来交换和贸易（甘肃省文物管理委员会，1957）。

2. 马家窑文化影响下的宗日文化的聚落

距今 5000 年左右，共和盆地在温暖湿润的气候影响下，自然环境得到了很大的改善，为人口定居和农业发展提供了必要的前提条件。而青海河湟地区在经过一段时间的发展后，人口和聚落也得到长足发展，为了寻求更为广阔的发展空间，马家窑人群带着先进的农业生产技术和聚落建造技术沿着黄河进入了共和盆地，在融合高原狩猎采集文化后，诞生了宗日遗存，随之而来的是，农业种植技术、磨制石器技术、制陶业、丧葬仪式等一些成熟的知识、技术及文化的传播、生根与发芽（洪玲玉，2012）。

显然，定居原本是仰韶和马家窑等新石器文化人群的生活模式特质，高原细石器人群学习了来自马家窑的新石器人群定居技术，并因此产生了具有一定规模的包含有生产生活、墓葬等功能的定居聚落，细石器结束此前的居无定所的迁徙模式，转变为定居，这其中马家窑文化起到了重要的作用。显然定居对区域社会文化进程起到了非常大的推动作用，定居需要以农业种植为基础、加强对动物的驯养，建筑房屋和制陶技术等手工业随之得到长足进步。人群的聚集与交流，既能扩大文化与信息的交流，又能使得人口数量增殖。总之，实现了定居，给高原细石器人群带来翻天覆地的变化，从生产方式、行为与思维模式全方位的改变，因此可以称之为宗日人群的"定居革命"。一般来说，聚落包括生产生活区和墓葬区，而墓葬区是在聚落长期发展的过程中逐渐固定下来的。马家窑文化聚落一般选择在河流两侧的地势平坦而开阔的二级或三级河流阶地上。马家窑文化墓地一般在遗址周围，与居址相比，墓葬多分布在遗址周围的更高的阶地或靠近河流的阶地前缘地带，且墓地在布局上普遍具有通过墓葬之间排列或以自然地形为界限来区分不同墓区或墓群的现象。从居址与墓葬的关系来看，马家窑文化从早期到晚期经历了居址葬、居葬混杂与居葬分离三个发展阶段（辛雪梅，2020）。

（1）增本卡遗址聚落分布。

增本卡遗址位于青海省海南州贵南县沙沟乡唐乃亥村西北侧沙沟河的第一阶地，遗址面积约28000平方米，由于龙羊峡水库的建成，沙沟河下游已与龙羊峡水库连通，发育良好的台地以及堆积较厚的黄土为史前人群定居增本卡提供了必要的条件（图5-5）。

从采集的陶片文化类型来看，增本卡遗址是一处较为典型的马家窑文化遗存，但乳白色夹砂陶及绳纹等宗日式陶器的发现，说明增本卡遗址存在宗日文化因素。通过系统的遗址调查发现，增本卡遗址文化层厚度为10~50厘米，除大量的陶片遗存外，遗址内存在多处灰坑及大量的动

图 5-5 增本卡遗址航拍图

物骨骼,表明增本卡人群已经实现了定居,且聚落规模较大,但从目前证据来看,增本卡遗址是一处以农业生产生活为主的聚落区,暂未发现房址及墓葬区(陈洪海,2007)。

(2)尕马台遗址聚落分布。

尕马台遗址位于贵南县拉乙亥乡昂索村南 500 米处,遗址地理位置为 35°52′N,100°35′E,海拔约 2719 米。尕马台遗址地处共和盆地黄河谷地内,处在黄河的南岸的二级台地上,现已被龙羊峡水库淹没。遗址揭露面积 1626 平方米,上覆盖厚 1~3 米的砂质土,从出土遗物特征分析,属于马家窑文化马家窑类型晚期至半山时期,出土有宗日式陶器与陶片(图 5-6),因此可以判断有宗日文化因素。属于居住遗迹,发掘出一处房址居住面,但后期干扰严重,已经看不出原状和结构;居住面残存呈长方形,长 7.5 米,宽 6.8 厘米,厚约 5 厘米,用黄土和料姜石垫成,较坚硬。居住面内发现 5 个柱洞,直径约 20~40 厘米,深约 20 厘米。还发现有 14 处烧灶面,遗址内另发现有 18 座瓮棺葬,只有 6 座有少量随葬品,随葬品为陶罐、石器,有 4 座墓随葬有羊、猪和狗骨。看得出,居址和瓮棺葬在遗址内共存,属于聚落的早期形态。瓮棺葬在仰韶文化也较为常见,可能承袭了仰韶习俗。

第五章 宗日时期的文化交流

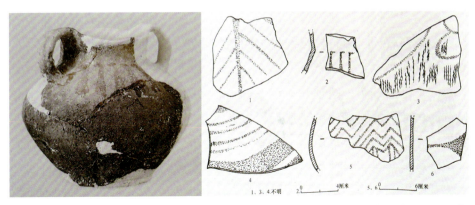

图 5-6 尕马台新石器时代遗址中出土的宗日式陶器图（青海省文物考古研究所，2016）

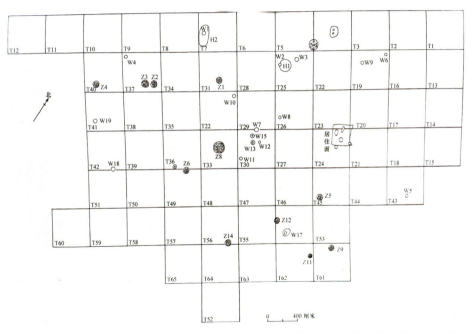

图 5-7 尕马台新石器时代遗迹与瓮棺葬分布图（青海省文物考古研究所，2016）

（3）南坎沿遗址聚落分布。

南坎沿遗址位于共和盆地兴海县茶卡镇羊曲村黄河北岸的三级阶地上，主要为宗日文化遗存，还存在一定量的马家窑文化陶器遗存，说明原先的高原细石器土著人群跟随马家窑人群学习了马家窑文化定居模式，没有马家窑文化，南坎沿细石器人群也将无法实现定居，就难以形成稳定聚落，因为定居的背后是农业种植产业形式在支撑。尽管南坎沿遗存总体上

119

宗日文化的内涵与时代价值

来看跟马家窑文化一样属于定居的农业文化,但依旧保留了自身的特点,如出土的细石叶、细石核以及较多的动物骨骼,也说明羊曲人群的饮食结构中肉食占比较大。

南坎沿遗址中,遗址北半部发现了较多墓葬,推测为墓葬区,南部靠近黄河区域可能为居住区。最近考古发掘在南坎沿遗址不仅发现了丰富的文化遗存,而且发现了壕沟,相当于聚落的防护设施,这在仰韶和马家窑文化中较为常见,河湟谷地的尖扎拉毛是马家窑文化马家窑类型遗址,就发现有壕沟,口径2.84~4.28米,底径1.1~1.82米,深2.96米,长度不明(王倩倩,2013)。这种聚落建造技术常见于马家窑、仰韶等新石器文化,但是在细石器文化中未曾出现,因为细石器人群需要季节性迁移。此外,马家窑文化聚落一般只有一道壕沟,而此处有两道壕沟,说明南坎沿遗址规模大,聚落体系庞大且等级较高,其中存在着复杂的社会关系,由酋长或者部落头领,组织大家有计划地完成修筑壕沟,这反映出该遗址的社会复杂化程度和社会发展程度相当高。说明南坎沿遗址是黄河上游规模较大的一个新石器聚落,且从聚落建造技术等方面可以看出学习了马家窑文化。

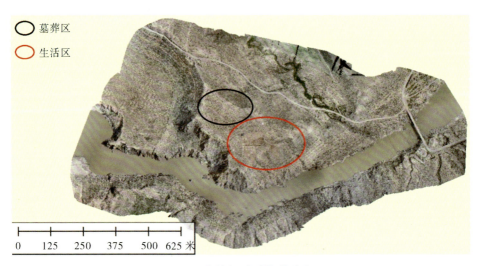

图 5-8 南坎沿遗址聚落分布图

另外,南坎沿遗址中卡约文化遗存的发现,说明卡约文化的源头直指宗日文化。宗日人群走出河谷就是大片草原,这样的地理优势,使得宗日人群不仅有狩猎的传统,同时拥有丰富的野生动物资源。加之狭窄的河谷

第五章 宗日时期的文化交流

地形和干凉的高原河谷气候,使得农业发展非常受限,因此,南坎沿地区的宗日人群很有可能在发展农业种植基础之上,利用自然资源优势和自身技术优势,逐渐发展畜牧业。畜牧化的生业模式使得陶器不再那么重要,最终导致宗日文化的自身特征消失不见,取而代之的是卡约文化,由此可以猜测南坎沿地区的宗日人群最后"进化"成了卡约人群。

（4）宗日遗址聚落分布。

宗日遗址位于青海省海南藏族自治州同德县巴沟乡班多村和卡力岗村之间的黄河北岸二级阶地上,整个遗址面积约8万平方米,在遗址内发现有灰坑和大量柱洞,这些柱洞大的开口于表土层下,圆形,直径60厘米、深120厘米,底有大石块做柱础,填土夯实,夹杂有小石块、烧土块;小者直径约20厘米、大的有40厘米青海省文物管理处等,

图 5-9 尖扎拉毛遗址壕沟图（马家窑类型）
（摘自《再现文明》）

1998）。可以判断这些区域为居址所在,因此宗日遗址是一个同时具有居住和墓葬功能的遗址（陈洪海,2007）。宗日遗址有明确的居住区与墓葬区,以大沙沟为界,分为东西两区,又以台地为天然间隔,东区分为东一至东五5个台地,居住区与墓葬区均分布在二级阶地上,但不同于柳湾遗址等马家窑文化的聚落分布,宗日遗址的墓葬区在整个遗址中,位于阶地前侧,也就是靠近河流的地方,而居住区则位于相对靠后的阶地上（辜雪梅,2021）。西区分为西一至西三3个台地,墓葬区也位于二级阶地,空间分布模式与马家窑文化较为相似。

宗日文化的内涵与时代价值

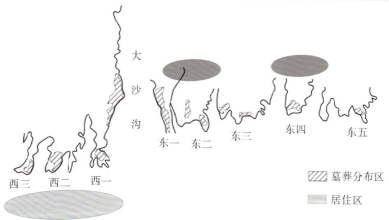

图 5-10 宗日遗址聚落分布图（陈洪海，2002；辜雪梅，2021）

此外，考古学家在发掘过程中，发现宗日墓葬中不仅存在宗日文化和马家窑文化两种风格截然不同的文化遗存，甚至在一些陶器上还发现了两种文化相互借鉴、相互融合的证据（乔虹，2022）。其中，宗日墓地中的俯身葬数量远超仰身葬，且仰身葬的头向以东南向为主，俯身葬的头向以西北向为主，对照马家窑文化的葬式分布，不难发现，宗日墓地中的仰身葬习惯与马家窑农业种植人群的葬式习俗较为符合，而俯身葬则与高原的狩猎采集人群有关。这说明宗日遗址在聚落初步形成之后，高原土著人群很快成为聚落的主人（陈洪海，2007）。

至于宗日的房屋，没有直接的证据，我们可以借鉴马家窑文化的房屋样式，同时结合高原另外一个新石器文化卡若遗址来进行推想。卡若遗址中发现房屋遗迹28座，早期房屋以半地穴式或地面营建的草拌泥墙建筑为代表，平面呈圆形、方形或长方形；炉灶一般设在房子中部，有的在炉灶边缘围砌石块，有的还用石板铺成炉台，也有的不挖灶坑而仅用3块石头支烧；屋顶系铺排椽木并涂抹黏土而成，屋顶和墙壁的内面均经过烧烤（图5-11）。晚期房屋以半地穴式石墙建筑为代表，平面呈方形和长方形；墙壁是用砾石贴靠坑壁垒砌而成，石墙周围及屋内均有柱洞。因此不排除宗日房屋也有可能分为两种，原始的可能类似卡若文化的早期，先进的则更类似马家窑文化。

图5-11　卡若遗址早期房屋复原图（西藏自治区文物管理委员会，1985）

宗日文化的
内涵与时代价值

第二节　宗日遗址马家窑陶器的来源

原始农业经济的兴起，使得人们生活趋于稳定，烧制陶器便成为当时最重要的手工业之一。陶器作为人们的日常生活用品，不仅能够储存食物，而且可以用来蒸煮食物，大大改善了史前人类摄取食物的卫生条件，增强了原始人类的体质。同时，陶器还成为原始绘画艺术的载体，人们在陶器表面用彩描绘上各种纹饰图样，表达着原始的审美情趣、朴素的思想感情与思想意识。

一、宗日遗址陶器产源的问题提出

陶器是整个仰韶时代手工业的最高成就之所在，更是其作为稳定聚落的实物标志，如柳湾遗址、喇家遗址、沙隆卡遗址等。宗日文化是一种具有自身特色的本土文化因素明显，同时吸收了外来文化因素（马家窑文化）的地方文化类型。宗日式陶器的出现则反映了共和盆地土著居民在掌握制陶技艺后的区域性发展（洪玲玉，2012）。其中，宗日文化中的马家窑陶器与河湟谷地马家窑陶器器型、纹饰等较为一致，宗日文化遗存中的马家窑陶器主要来自河湟谷地的马家窑文化区，且马家窑人群沿着河湟谷地传播至高海拔地区，并与高原的狩猎采集人群融合形成新的新石器文化——宗日文化。宗日式陶器具有自己独特的文化印记，长期与马家窑文化陶器共存，在早期的墓葬中马家窑文化的陶器比例较高，以后逐渐以宗日式陶器为主。除了宗日遗址外，在海南州共和盆地周围还存在羊曲遗址、增本卡遗址等宗日文化遗址中出土的马家窑陶器，无论是从陶器的器型还是从陶器外部的纹饰来看，这些遗址所出土的陶器都与河湟谷地的马家窑文化遗址中的陶器高度一致，这不得不使人提出疑问，宗日文化中的马家窑陶器是否来自河湟谷地马家窑文化分布区？

宗日文化（距今5200—3900年）是青藏高原东北部的土著文化，宗日先民主要是高原狩猎采集人群后代，但其文化受到从黄土高原西部扩散而来的马家窑文化（距今5300—4800年前）的强烈影响（陈洪海等，1998）。有研究在宗日遗址通过小面积发掘获得动植物遗存样品，随后开展了系统的种属鉴定与分析工作，发现主要在海拔2500米以下地区定居

第五章　宗日时期的文化交流

的马家窑人群，和生活在海拔 2600 米以上的共和盆地东部从事狩猎活动的宗日人群是通过"蛋白质-碳水化合物"交换的方式得以共存。

除了得到考证的"蛋白质-碳水化合物"交换模式之外，他们二者之间还存在其他方面的交流吗？这就吸引我们将目光投向另外一类出土时所占巨大比例的遗存——陶器。既然宗日人群日常所食用的粟黍都可以和马家窑人群进行交换，那么陶器是不是也存在交换的可能呢？宗日文化有一个有趣的现象，出土的陶器按照明显特征可分为三种。一种是典型的做工精湛、技法娴熟，尤其是彩陶花纹表现出了极高的艺术水准的马家窑陶器（包括马家窑、半山、马厂陶器），以橙红色泥质彩陶为主，彩以黑彩为主，仅含极少数泥质素面陶和夹砂陶（图 5-12A）。另一种是"宗日式陶器"，

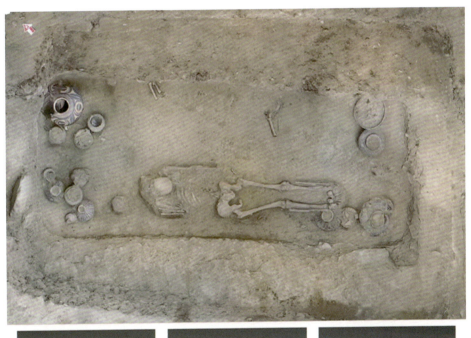

a

b

c

图 5-12　宗日遗址 M5 出土陶器图（乔虹和马骞，2022）
a.泥质彩陶盆（M5：17）；b.夹砂单耳陶罐（M5：4）；c.泥质单耳彩陶罐（M5：14）

宗日文化的内涵与时代价值

夹砂陶质，陶色泛白，灰白色、乳白色为其代表色，即使使用红色、褐色、灰色也是颜色偏淡，帮底捏合式对接方法，表现为底部外撇呈假圈足状，具有附加堆纹，施紫红色彩绘，绘制简单的鸟纹及折线纹图案（图5-12B）。还有一类陶器个体较小、制造技术拙劣，质地粗糙、彩绘疏朗、图案简单，虽然整体风格上还应该划入马家窑文化彩陶系统，但明显为以马家窑文化彩陶为模本的陶器，仿佛是宗日先民仿制的马家窑文化陶器（图5-12C）。并且典型马家窑文化陶器主要出土于宗日文化遗址的早期地层，而到了宗日文化晚期，已经见不到马家窑文化的陶器，只有宗日式陶器（洪玲玉等，2012）。这个现象不免让人对宗日遗址和马家窑遗址之间的陶器关系存疑。

早在宗日遗址挖掘初期，考古人员便已观察到陶器类型分组上所体现出的不同之处，但仅从陶器器型、质地、纹饰及色泽等方面判断宗日遗址与马家窑遗址之间的关系尚且存在不足，因此多位科学家从制陶的陶土原料入手，通过对宗日遗址及其周边马家窑遗址所采集的陶片和土壤样品进行化学元素分析，进而判断宗日遗址中出土的不同类型陶器的产地与来源。

制作陶器的必备原料就是黏土，恰好黄河及其主要支流渭河、洮河和湟水流经的区域，河流阶地广泛分布着第三系红色黏土，并且阶地上堆积有第四纪黄土（图5-13），这就为史前先民的陶器生产提供了物质原料，也为研究陶器产地和来源创造了条件。

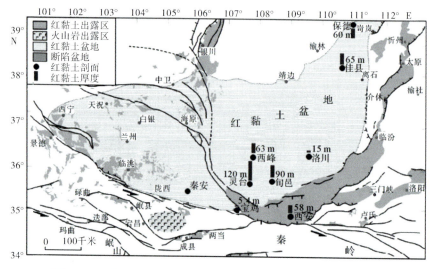

图5-13　中国北方红黏土分布及厚度图（王敏杰等，2010）

二、宗日遗址里的三种陶器制作原料指示不同的来源

最早开展陶器产源分析的是洪玲玉教授，她依据纹饰风格和做工差异将宗日遗址出土的陶器分为马家窑文化陶器 A 组、B 组、C 组及宗日式陶器 4 类，并提出其陶器的产源推论。具体的陶器分组特征及产源推论依据纹饰风格和做工差异将宗日遗址出土的陶器分为宗日式陶器、似马家窑文化陶器和马家窑文化陶器 3 类，并提出其陶器的产源推论（表 5-1）（洪玲玉等，2012）。

表 5-1　依据纹饰风格和做工差异所得的宗日遗址陶器分类及其产源推论表

陶器分类	宗日式陶器	似马家窑文化陶器	马家窑文化陶器
特征描述	宗日遗址的主要陶器遗存——夹砂陶，制作工艺不如马家窑文化陶器	采用马家窑类型彩陶的纹饰元素，如平行横线纹和水波纹，但构图及线条疏朗。主要是无耳壶和单耳壶，这类陶器不见于外地；总体来看质地纹样与A组一样，但技法生疏、做工较粗糙拙劣	宗日遗址马家窑文化陶器的主体，与同时期其他地区出土的马家窑文化彩陶完全一样
产源推论	当地所生产	当地生产的仿制的马家窑文化陶器	可能是外地输入，也有可能是由外来的专业陶工在当地所生产的

宗日式陶器和马家窑文化陶器前文中已经做过介绍，这里谈谈似马家窑文化陶器。乍一看，该类陶器和马家窑文化陶器并无不同，泥质细陶、橙红色或橙黄色，器表经过细打磨，黑彩绘制；器型也与马家窑的碗钵、单耳壶类似，但规整程度与马家窑器物相比略差；纹饰有网纹、平行线纹、圆弧纹，也和马家窑陶器类似。但是仔细观察，则与马家窑有区别，纹饰稍显疏朗、简单，明显具有宗日式陶器的纹饰因素。比如：图 5-14a 外部绘有水波纹，盆沿为三角折线，盆内壁是竖线纹，这就是一个活生生的马家窑类型的盆，但竖线纹中间夹有点纹，这一特征不见于马家窑，却是宗日的特征。又如 5-14b 也是泥质细陶，盆内绘有网纹和平行线纹，这在马家窑陶器中很常见，问题在于盆中的鸟纹，不是说马家窑就没有鸟纹，而是这种鸟纹的画法只见于宗日文化。因此宗日里的这类泥质细陶器明显具有马家窑与宗日文化二者兼具、融合的特点，这类陶器只见于宗日，不见

于马家窑,被称为宗日里似马家窑文化陶器,推测这类陶器应该是在宗日仿制的马家窑陶器。

图 5-14 宗日遗址中出土的仿制的马家窑陶器图

图 5-15 兼具马家窑与宗日文化纹饰的宗日盆器图

第五章 宗日时期的文化交流

为了证实上述推论而采集了宗日遗址出土的 26 件陶片标本,并对陶片的化学组成进行检测。具体的样品信息和结果如下表(表 5-2)。

表 5-2 依据陶土化学组成所得的宗日遗址陶器分类及产源推论表(洪玲玉等,2012)

陶土化学成分分组	甲	乙	丙
标本数量	7	11	8
陶胎颜色与质地	乳白色、灰白色夹砂陶	8 件红褐色夹砂陶、3 件红褐色泥质陶	红褐色泥质陶
陶器风格分类	6 件宗日式陶器,1 件马家窑类型夹砂绳纹陶瓮	8 件红褐色夹砂陶都是宗日式夹砂陶器。3 件红褐色泥质陶中有一件典型马家窑类型彩陶盆,属于马家窑文化陶器;一件绘宗日式彩陶纹饰的黑彩泥质红陶大口彩陶钵;一件黑彩红陶泥质壶,属于似马家窑文化陶器	皆为典型马家窑类型黑彩泥质红陶,属于马家窑文化陶器
三组陶器的化学组成特征比较	Al_2O_3 含量偏高,但 CaO、MgO、Fe_2O_3 含量偏低;MnO、SrO、BaO、P_2O_5 含量也偏低	与丙组相似,但 CaO 含量低于丙组标本,高于甲组标本	Al_2O_3 含量明显低于甲组,但 CaO、MgO、Fe_2O_3 含量偏高
陶器化学组成与其他遗址标本的比较	不见于其他已分析的甘青和四川遗址所出土的马家窑文化陶器标本	不见于其他已分析的甘青和四川遗址所出土的马家窑文化陶器标本	与其他已分析的甘青和四川遗址所出土的马家窑文化陶器标本相似
产源推论	当地所生产	当地所生产	外地输入

从结果来看,其中甲组与乙、丙两组的差异极大,乙组和丙组的差异则主要表现在 CaO 含量的不同。具体来说,甲组标本,具有 Al_2O_3 含量高的特征,属于高岭土一类黏土,其化学特征明显不同于甘青地区马家窑文化陶片标本(图 5-16)。乙组标本的化学组成特征与丙组相似,但 CaO 含量偏低,在已分析的甘青川马家窑文化陶片中看不到这一特征。宗日遗址丙组标本的化学组成特征与甘青地区其他遗址所出土的马家窑文化陶片相似,都以 CaO 和 MgO 含量高为明显特征,与甘青地区现代陶匠使用的第三纪红黏土具有同样特性。

显然，宗日遗址所出土的不同类别陶器至少是用三种具有不同化学组成特征的陶土所制成。就像三位画家画了内容相同，但却用了矿物质、植物、化学不同的颜料，看似是同一幅画，实则差别很大。

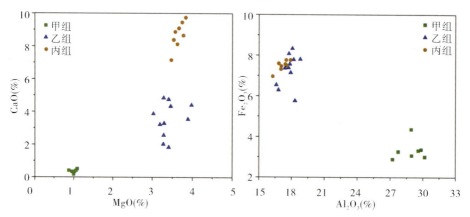

图 5-16　宗日遗址标本的 MgO、CaO、Al_2O_3、Fe_2O_3 含量分布散点图（洪玲玉等，2012）

依据这 26 件标本的分析结果，可以大致推测宗日遗址出土的不同类别陶器的产源。甲组和乙组陶器的化学成分在其他地方发现的马家窑文化陶片里很少见，所以，用这两组陶土制作的宗日式夹砂陶明显是共和盆地本地生产，而且宗日遗址应该有宗日式夹砂陶的"完整生产链"。除了夹砂陶以外，少数宗日文化陶匠也使用甲、乙两组陶土制作泥质彩陶。这些泥质彩陶用乙组陶土制作，通常用黑彩绘制各种图案，而不用紫红色，这些泥质彩陶器型、黑彩、泥质、红褐色胎体、纹饰与马家窑文化彩陶相似，有的也与宗日式夹砂彩陶相似。因此，根据陶土、颜料、陶质的不同可以看出宗日文化先民分别有夹砂陶和泥质陶的生产体系，主体为本地生产夹砂的宗日式陶，也有少量采用马家窑制作技术和画法来仿制马家窑陶器，而宗日文化里出土的大部分典型马家窑文化陶器则来自较低海拔的马家窑文化。

就宗日墓地随葬陶器的资料和对宗日遗址的时段分期来看（洪玲玉等，2012），宗日遗址最早的时候，有一群从东部迁移过来的移民带着陶器技术来到了共和盆地。在这个时期，当地人开始制作陶器，包括马家窑类型夹砂陶，还有一些其他地方没有的夹砂彩陶，不排除还有泥质彩陶。尽管本地人也制作陶器，但随葬的陶器主要还是外地带来的马家窑类型彩陶，本地生产的陶器很少。宗日遗址进入一期二段时，出现了一套具有区域特色的宗日式夹砂陶器，比起外地的马家窑类型泥质彩陶，在随葬陶器中所占比例更高，显示了本地陶器生产体系的发展。到了宗日二期，从外地带来的泥质彩陶减少了。本地人开始生产一些泥质彩陶，有的是完全仿制当时的马家窑文化陶器，但更多的是一组有特色的单耳或无耳壶，还有大口彩陶钵（器型与碗相似）。不论是夹砂陶还是泥质陶，本地的陶工好像不太喜欢完全模仿马家窑文化的陶器，而是吸收了一些元素，创造出了具有本土特色的陶器类型。到了宗日三期，随葬陶器中已经不再有本地做的泥质彩陶，几乎全部都是宗日式夹砂陶器。同时，随葬陶器的数量、种类、大小、图案等方面的变化表明，在这一时期本地陶器的生产逐渐减少。总体来说，宗日一期二段之后，宗日墓地里埋葬的随葬陶器的数量大致保持在5件左右，并无明显的变化。因此，可以说在整个马家窑文化时期，宗日遗址甚至整个共和盆地的陶器制造业一直都是由小规模的生产单位构成的。

总体来讲，依照陶质和纹饰，宗日遗址出土的陶器可分为宗日式陶器和马家窑文化系统陶器两组。不过，如果按照它们产地来分的话，有当地制造的宗日式彩陶，还有一些从外地运来的马家窑文化彩陶。无论是夹砂陶或泥质陶，这些当地制造的陶器基本上都是在马家窑类型的基础上发展而来的。而且，大部分泥质陶还保留了马家窑类型陶器的一些特点，比如陶器的质地、颜色和纹饰。所以说宗日遗址出土的陶器，可以理解成是在马家窑文化的基础上发展出来的一群本地特色的陶器。这群陶器以夹砂陶为主，泥质陶只占一小部分。另外，夹砂彩陶用的颜色和绘制的图案与马家窑类型彩陶完全不同，这或许是基于本地原有的细石器文化因素。

三、宗日遗址陶器产源地

前期学者的研究注重分析宗日遗址不同类别陶器化学成分，提出了大部分马家窑陶器来自其他区域的假想，为了验证这个假想。后续的研究采集其他区域如河湟谷地、甘肃境内的马家窑分布核心区的马家窑陶片与红黏土样品，以及共和盆地宗日、羊曲等遗址宗日式、马家窑陶片和河流沉积物。测试样品区域由共和盆地增加到多个邻近区域，由单一的陶器增加到陶器、黄土、红黏土及河流沉积物，先后采取X-荧光光谱分析法、X射线衍射法及热电离质谱等综合分析方法，追溯陶器的原料的来源，探讨不同区域陶器的交流,从而理解狩猎采集者与农业种植者相互影响与作用的过程(侯光良等,2016;崔一付等,2020;Chen 等,2022)。具体的样品信息和结果如表 5-3。

表 5-3 侯光良等开展研究时的样品采集-测试信息及测试结果表

测试人	方法	研究区域	样品信息	测试内容	测试结果
侯光良	X-荧光光谱分析法	北至大通河、南至同德宗日、东至官亭盆地、西至青海湖	第三纪红黏土样品3份,黄土样品5份,从33个遗址中,搜集128枚各文化时期的陶片(其中宗日文化陶器62枚,仰韶文化陶片6枚,马家窑文化马家窑类型16枚,马家窑文化马厂类型16枚,齐家文化9枚,卡约文化7枚,辛店文化1枚,汉代1枚,细石器文化10枚)	测定的化学元素包括 Cl、S、P、As、Ba、Bi、Ce、Co、Cr、Cu、Ga、Hf、La、Mn、Nb、Nd、Ni、Pb、Rb、Sr、Th、Ti、Tl、V、W、Y、Zn、Zr 等28种;以及 Fe_2O_3、SiO_2、Al_2O_3、MgO、CaO、Na_2O、K_2O、CO_3 等8种化学成分	青藏高原东北部陶器分为两组,一组为宗日组陶器,一组为宗日文化马家窑陶器、河湟组陶器和细石器文化陶器。Th 是区分河湟组与宗日组陶器的标志性元素,宗日组的 Th 平均含量为 $4.41 mg \cdot kg^{-1}$;而河湟组 Th 平均含量为 $0.112 mg \cdot kg^{-1}$,河湟组陶器 Th 含量远低于宗日组。宗日组陶器陶土原料多为第四纪黄土,并伴第三纪红黏土;河湟组陶器以红黏土为主

上述实验通过对 128 枚陶片及 5 个土样的 28 种化学元素和 15 种微量元素分别做主成分分析,可以看出青藏高原东北部陶器明显分为两组:一组是宗日式,另一组包括宗日文化中的马家窑陶器、河湟组的陶器和细石器文化的陶器(图 5-17)。化学元素分析显示,河湟谷地、青海湖盆地和宗日文化中的马家窑陶器使用了相似的原料,且这三种陶器的原料来源相似,并与宗日式的陶器有明显的差异。Th(钍)和 Nd(钕)这两种微量元素在区分陶器中起着重要作用,特别是在河湟组的陶器中,所含的 Th(钍)比宗日组的陶器低得多。通过观察陶器和土样的关系,可以发现河湟组的陶器主要使用第三纪红黏土,几乎不使用黄土。而宗日组则主要使用第四纪黄土,可能还混有红土。这表明河湟地区的马家窑文化先民和共和盆地

的宗日文化先民在制作陶器时，对材料的选择有很大不同。这可能与河湟谷地的第三纪红黏土容易获取有关，而在共和盆地很少有这种红黏土，这也指示了宗日文化的马家窑陶器可能来自河湟谷地的马家窑文化区。

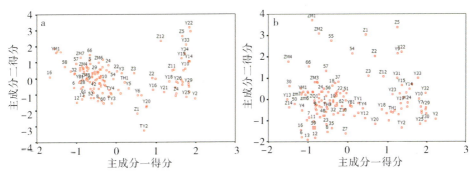

图 5-17　青藏高原东北缘史前陶器化学元素主成分散点图
（a. 全部测试元素；b. 15 种微量元素）

表 5-4　崔一付等开展研究时的样品采集-测试信息及测试结果表

测试人	方法	研究区域	样品信息	测试内容	测试结果
崔一付	X-荧光光谱分析法	青海省东北部和甘肃省东部的大部分地区	采集自甘青地区山那树扎遗址、马家窑遗址、李家坪遗址、大崖头遗址和宗日遗址陶片样品92枚，第三纪红黏土样品21份，第四纪黄土样品21份	含量接近或大于100 ppm 的13种元素，包括铁（Fe）、硅（Si）、铝（Al）、镁（Mg）、钾（K）、钙（Ca）等6种主量元素，钠（Na）和钛（Ti）两种次量元素以及铬（Cr）、铷（Rb）、锶（Sr）、锌（Zn）、锆（Zr）等5种微量元素	马家窑文化陶器的主要原料是第三纪红黏土，且宗日遗址的马家窑文化彩陶化学组成成分和遗址附近的红黏土差异明显，而和马家窑文化核心区的红黏土化学组成成分类似。通过对比宗日遗址和马家窑文化核心区的马家窑文化彩陶的化学组成成分异同，宗日遗址马家窑文化彩陶非本地制作，而是从马家窑文化核心区贸易而来

陶片测试结果显示含量接近或大于 100 ppm 的元素有 13 种，包括铁（Fe）、硅（Si）、铝（Al）、镁（Mg）、钾（K）、钙（Ca）等 6 种主量元素，钠（Na）和钛（Ti）两种次量元素以及铬（Cr）、铷（Rb）、锶（Sr）、锌（Zn）、锆（Zr）等 5 种微量元素。元素含量最高的为主量元素硅（Si），

含量最低的为微量元素锌（Zn）。陶片中元素的 Ti/Al 比值在沉积物的物源识别中非常有效，而沉积物中的 K/Al 比值可以告诉我们早期沉积物原始成分的指标是什么样的。红黏土和黄土的 K/Al 比值差异明显，从宗日遗址附近采集的红黏土和其他 3 个遗址附近的红黏土的 Ti/Al-K/Al 比值也有明显差异（图 5-18a）。Ti/Al-K/Al 结果显示马家窑文化陶器的主要原料是第三纪红黏土，且宗日遗址的马家窑文化彩陶化学组成成分和遗址附近的红黏土差异明显，而和马家窑文化核心区的红黏土化学组成成分类似（图 5-18b，图 5-18c）。对 6 种主量元素进行主成分分析，结果和 Ti/Al-K/Al 分析结果一致，宗日遗址的马家窑文化陶片与大崖头遗址、马家窑遗址以及青海省东北部部分马家窑文化遗址的陶片较为相似（图 5-18c）。

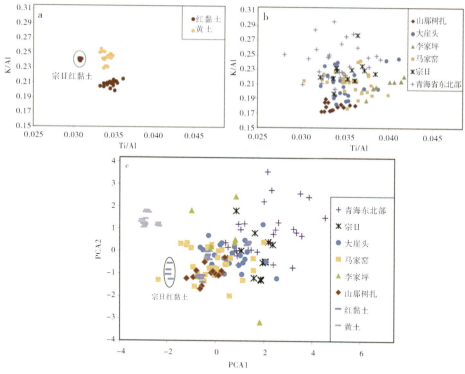

图 5-18　陶片、红黏土和黄土微量元素的主成分分析结果图（崔一付等，2020）

通过对比宗日遗址和马家窑文化核心区的马家窑文化彩陶的化学元素组成成分异同，可以看出宗日遗址马家窑文化彩陶非本地制作，而是从青海省东北部部分马家窑文化遗址或者马家窑文化核心区的大崖头和马家窑遗址而来。

表 5-5 陈晓良等开展研究时的样品采集-测试信息及测试结果表

测试人	方法	研究区域	样品信息	测试内容	测试结果
陈晓良	X-荧光光谱分析法、X射线衍射法、热电离质谱	黄河上游河谷、湟水河谷、共和盆地和同德盆地	青藏高原东北部31处遗址/地点采集的31件沉积物（黄土、红黏土及河流沉积物）和131枚陶片	对162份样品中的96份样品进行了X-荧光光谱分析，对66份样品（46份陶片，20份沉积物）进行了X射线衍射分析，并选取了38份有代表性的样品进行了热电离质谱分析	宗日遗存区出土的马家窑文化陶器与马家窑文化区陶器在形态纹饰、化学特征及矿物成分等方面一致，而与宗日遗存陶器存在显著差异，表明宗日遗存出土的马家窑陶器并非当地制造，而是通过河湟谷地的马家窑文化区获得。宗日遗存出土的马家窑陶器与两种文化交接地带的马家窑文化陶器关系更为紧密，其交流路线主要沿湟水谷地与黄河谷地展开

对测试样品的主量和微量元素进行主成分分析，结果显示（图 5-19a）宗日文化中的宗日陶片的那些暗红色点呈簇状聚集在一起，宗日文化中的马家窑陶片（编号为 92，151，152，153）与代表黄河上游谷地陶片的蓝色点呈团簇状聚集在一起。宗日文化的一些马家窑陶片（编号为 131，132，135，138）与代表湟水谷地陶片的绿点聚集在一起。这些聚集的点告诉我们，宗日文化的马家窑陶片的元素来源和河湟谷地的马家窑陶器基本一样，但与宗日文化的宗日陶片有很大的区别。

微量元素分析结果显示（图 5-19b），代表宗日文化中宗日陶片的暗红色点呈一个簇状；其中，宗日文化的马家窑陶片（编号为 131，132，135，138，151，152，153）样品与河湟谷地的样品表现为另一个聚类。需要注意的是宗日文化的马家窑陶片（图 5-19a 和 5-19b，红星状）中有一枚陶片（编号为 150）与宗日文化的宗日陶片聚集出现，推测是宗日先民模仿马家窑文化陶器的本地产品。

陶片、红黏土、黄土和河流沉积物的化学组成表明宗日文化的宗日陶片的化学成分与宗日文化的马家窑陶片、河湟谷地的马家窑文化陶片化学

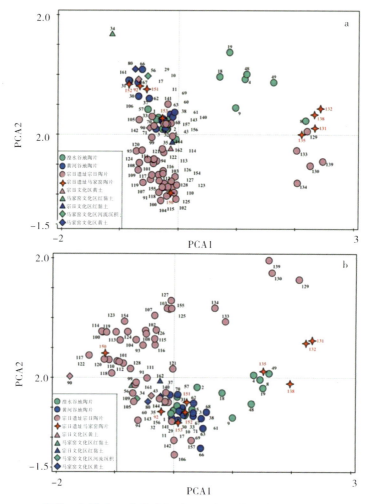

图 5-19　陶片、红黏土、黄土和河流沉积物化学元素的主成分分析结果图
（a 全部化学元素；b 微量元素）

成分在 Fe、Si、Al、Mg、Ca 元素存在明显差异。在图 5-20 中 a、d、e 显示，宗日文化的宗日陶片中 Fe_2O_3、MgO 和 CaO 的浓度较低。相反，宗日文化的马家窑陶片与河湟谷地的样品相似，Fe_2O_3、MgO 和 CaO 均呈高浓度的特点。宗日文化的宗日陶片中 SiO_2 和 Al_2O_3 的浓度较高，其中 Al_2O_3 含量高是造成样品呈乳白色的主要原因，而宗日文化的马家窑陶片与河湟谷地的马家窑文化陶片相似，SiO_2 和 Al_2O_3 浓度均较低。综上，宗日文化的马家窑陶片的原料与河湟谷地的马家窑文化陶片高度相似（图 5-20b，图 5-20c）。

第五章 宗日时期的文化交流

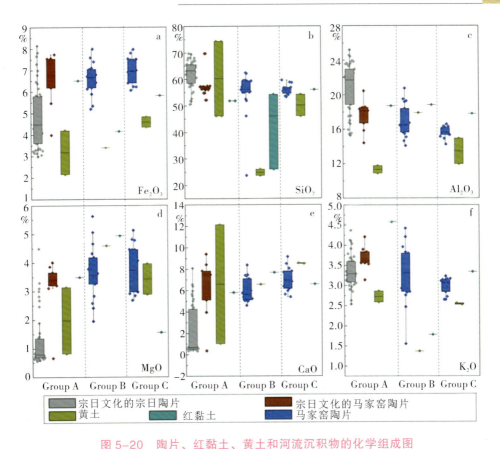

图 5-20 陶片、红黏土、黄土和河流沉积物的化学组成图
（Group A：共和－同德盆地；Group B：湟水流域；Group C：黄河上游谷地）

X 射线衍射数据集的 PCA 结果大致可分为 4 组（图 5-21）：组 I，多数宗日文化的宗日陶片与河湟谷地的马家窑陶片重叠，表明它们的矿物成分相似，均选用含有赤铁矿、方沸石、微斜长石和石英的陶土用于制陶（包括宗日文化的马家窑陶片中编号为 95、146、149 的样品）。组 II，7 枚宗日文化的马家窑陶片与 9 枚河湟谷地的马家窑陶片重叠，透辉石是它们共有的矿物成分。有研究显示，方解石在 650℃开始分解为 CaO 和 CO_2，在 900℃消失并产生新的高温钙硅酸盐（透辉石）。表明陶工至少在 900℃的温度下烧制了 II 组中的宗日文化的马家窑器物，推测宗日文化的这部分马家窑陶器应该来自河湟谷地，反映二者文化遗址间存在交流。组 III，多为沉积物样品，矿物成分为白云母和斜绿泥石。多与黄河沉积物相近，可能掺杂了黄河附近的河流物质。组 IV，3 枚来自黄河流域的编号

为 36、47、72 的陶片，矿物成分为白云石和方解石。由于透辉石的缺失表明方解石是原生的，故认为这 3 枚陶片是在低温下（即低于 900℃）烧制的。

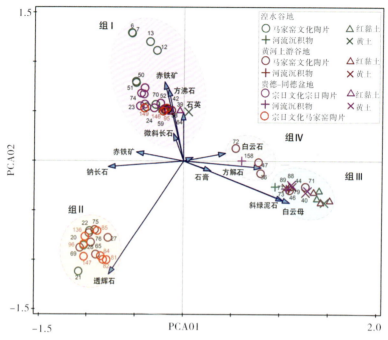

图 5-21　陶片、红土、黄土和河流沉积物矿物组分的主成分分析结果图

宗日文化的马家窑器物的 $^{87}Sr/^{86}Sr$ 特征值在 0.7135~0.715 间，且锶含量较低（15~35μg/g），变化范围小，与黄河流域的编号为 74、75、36、47 的样品和湟水流域编号为 12、13、23 的样品较接近。宗日文化的宗日陶片的 $^{87}Sr/^{86}Sr$ 的特征值在 0.715~0.7225 之间，锶浓度较高（40~105μg/g），变化范围广，与湟水流域大多数样品情况相似（图 5-22）。由此可以看出，锶同位素结果表明宗日文化的马家窑陶片和宗日文化的宗日陶片具有完全不同的锶同位素组成模式。

从化学元素、矿物成分及锶同位素结果来看，宗日遗址出土的马家窑陶器并非当地制造，而是通过河湟谷地的马家窑文化区获得，且宗日遗址出土的马家窑陶器与两种文化交接地带的马家窑文化陶器关系更为紧密。

第五章 宗日时期的文化交流

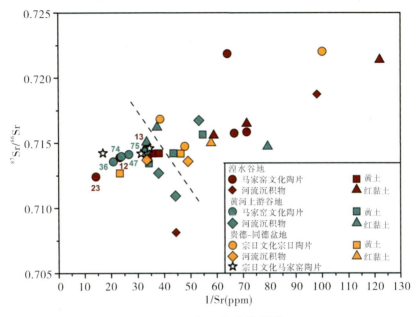

图 5-22 锶同位素结果图

四、宗日文化与马家窑文化的交流

通过对比宗日遗址和马家窑文化核心区的马家窑文化彩陶的化学组成成分异同，可以看出宗日文化中的乳白色宗日式夹砂陶和具有仿制马家窑彩陶特征的陶器均为共和盆地的区域性产品，以橙红色泥质陶为主的马家窑文化陶器则为外地输入。宗日文化区的马家窑文化陶器与宗日文化区和马家窑文化区二者交接的黄河-湟水谷地的马家窑文化陶器关系更为紧密，甚至有可能来自甘肃马家窑文化核心区。一般认为陶器的传播路线大致是沿着黄河和湟水两岸阶地向宗日文化区传播。这种文化间的交流可能源于不同的生业模式带来了跨区域间文化交流的动力，即马家窑人群从事粟黍种植、制陶，宗日人群则擅长狩猎采集。实际上高原细石器与新石器文化交流，可能早在仰韶文化庙底沟类型（距今6000—5500年）就已经开始，进入马家窑文化时期，也便进入了全方位交流阶段，变得更加频繁、程度更深、涵盖范围更为广泛，地域上也开始由河湟谷地向更高海拔的共和盆地拓展。

首先，宗日文化中马家窑类型陶器由外地输入，说明高原土著文化与来自黄土高原的新石器文化接触结果之一是两种文化之间产生了交流。两种文化交流推测主要表现在两方面，其一是人群的迁徙，即马家窑居民向共和盆地扩散，形成了细石器人群中有马家窑移民的情况，二者之间通婚交流，就孕育出高原土著特色的新石器文化——宗日文化，宗日人群也就诞生了，宗日人群中早期马家窑移民的成分占的比重较大，这可以从宗日文化早期以马家窑陶器为主窥见一斑。当然随着交流增多，宗日人群也可能顺黄河而下，来到了马家窑人群生活的河湟谷地，并在那里生产生活，融入马家窑之中。因此这种人群的交流是双向的，但是总体来看，以马家窑移民进入宗日为主。可以设想随着宗日文化的发展，他们吸收了马家窑人群的制陶和农业技术，促使其自身的特色和能力提升，逐渐向马家窑文化区渗透，最终在地理空间上形成了宗日文化的影响区，而这影响区正是在马家窑文化分布区内。

其次，为物质的交换与贸易，那么这种交换与贸易是如何展开的呢？从贸易路线来看，由于宗日马家窑陶器主要出现在马家窑文化马家窑类型时期，利用GIS工具做以马家窑类型遗址为中心的泰森多边形，假设该多边形为遗址理论领地，遗址先民对领地内的资源享有控制权，那么不同领地由于资源占有状况不同，技术差异等原因，导致领地之间产生贸易与交换，这是领地之间产生贸易与交流的原动力；遗址愈密集，领地面积愈小，人类活动强度愈大，则贸易与交流愈频繁。那么贸易与交换势必将依托聚落（遗址）为节点展开，将领地与其周围面积最小领地串联后，其线路即为贸易路线。据此，可以看到马家窑时期本区明显存在两条贸易路线，分别为湟水谷地与黄河谷地，其走向大致与湟水、黄河走向一致（图5-23）。这两条贸易路线中，湟水路线贯穿了马家窑文化区-细石器狩猎区-宗日文化区，这可以从宗日、羊曲遗址中一些陶片与大通上孙家寨、西宁西杏园遗址等密切相关得到佐证；而黄河路线则连接了马家窑文化区与宗日文化区。由于受黄河干流的影响，根据就近的原则及遗址的分布，推测马家窑与宗日的人群迁徙、贸易和交换等文化交流活动主要以黄河为主线展开，湟水为辅线，文化交流规模较黄河干流为弱。

从贸易方式来看，贸易最集中的区域发生在两种文化交接、过渡地带的一些遗址上，也就是在宗日文化分布的边缘区与马家窑文化交接地带，这些遗址很可能充当了贸易口岸的作用，大通上孙家寨、化隆上多巴村可

第五章 宗日时期的文化交流

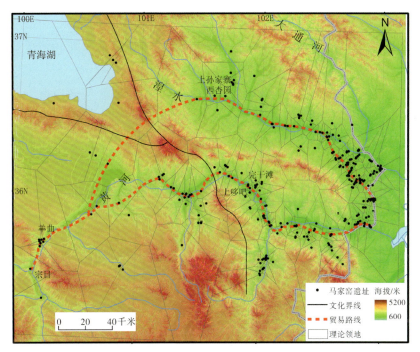

图 5-23 马家窑聚落理论领地和贸易路线图

能是当时贸易、交换的集中地点。当然来自马家窑文化核心区、宗日文化影响区的陶器也可以借助贸易路线，通过这些"贸易口岸"输向宗日、细石器狩猎文化区。这些口岸地位特殊，文化性质以马家窑为主，同时受宗日文化影响，因为在大通孙家寨出土了较多的马家窑陶器，也发现了宗日式陶片。贵德盆地分布有马家窑遗址，部分遗址受宗日文化因素影响，因此不排除贵德盆地的一些遗址也具有口岸的功能，但是由于本研究在贵德采样较少，难以给出准确回答。

从贸易、交换的内容来看，马家窑文化向宗日文化、细石器狩猎文化输入陶器、粟黍等植物性粮食等产品，宗日与细石器狩猎文化向马家窑文化输出推测可能为皮毛等牲畜产品。宗日遗址中发现 92 枚海贝，在马家窑遗址也有广泛发现，可能是流通货币，这些海贝的发现为本区史前文化存在广泛贸易与交流提供有力的佐证。当然在进行产品贸易、交换的同时，两种不同文化的社会特质也发生了交融，马家窑文化向宗日文化、细石器狩猎文化输入技术包括粟黍种植、制陶，可能还有石器的磨制和房屋的建造等，有研究显示宗日遗址在发展过程中，先民食谱中 C4 植物增加而肉食类减少，反映

宗日文化的内涵与时代价值

了农业与狩猎采集的混和经济模式向稳定农业模式转变的趋势。宗日与细石器狩猎文化向马家窑文化输出的技术包括细石器制作等,不少马家窑遗址中发现了一定量的细石器,显然是受高原土著细石器文化影响。

可以看到,贸易与交换是高原土著的细石器狩猎者与来自黄土高原新石器农业种植者相遇后重要的交流方式,二者在共存中交流,在交流中高原土著细石器狩猎者开始向新石器时代迈进,而农业种植者也从土著细石器文化中学习了适应高原环境的一些策略。

小贴士

常量元素是指构成生物的主要元素和岩石、沉积物中含量高于1%的元素,例如:碳、氢、氧、氮、磷、硫、硅、钙、铁、铜、铝等。

小贴士

微量元素是指构成物质的常量元素或主要元素之外的,在地球化学和地质学研究中,习惯上将矿物中不记入分子式而在该矿物中存在的元素,岩石和沉积物中含量低于1%或0.1%的元素,以及在矿床中含量很低不具有独立开采价值(部分可以综合利用)的伴生元素统称为微量元素。例如:钒、钛、铬、钴、镍、铳、锶、钡、锂、铷、铊、铀、钍、氟、氯、铱、锇、稀土等。

小贴士

主成分分析法是通过降维的方式将原来多个变量重新组合成一组新的互相无关的综合变量,同时根据需要从中可以选出几个综合变量尽可能多地反映原来变量的信息的统计方法。

小贴士

X射线荧光光谱分析法,是利用原级X射线光子或其他微观粒子激发待测物质中的原子,使之产生荧光(次级X射线)而进行物质成分分析和化学态研究的方法。

第五章 宗日时期的文化交流

> **小贴士**
>
> X射线衍射法是根据X射线穿过物质的晶体时所产生的衍射特征，鉴定物质成分与结构的方法。利用晶体对X射线的衍射效应，研究晶体的内部结构，最终确定出不同的或相同的原子在晶胞内的位置（即原子的排列方式）。

> **小贴士**
>
> 热电离质谱法是通过加热涂敷在金属带表面的样品，使样品的原子电离后引入质谱仪分析。能电离从Li到U的大部分元素。主要用于同位素分析。

五、陶器反映的宗日文化与马家窑文化的交流与互动

距今约5200年前，从事农业种植的马家窑人群顺着黄河一路向西，登上了青藏高原，遇到了以狩猎采集为生的高原细石器人群，将随身所带的陶器、粟黍等与当地的牲畜、皮毛等进行了物物交换，实现了初步的"以物易物"的贸易往来，并将先进的制陶技艺和农业种植技术等传授给了高原细石器人群，帮助他们实现了定居。因为文化交流，形成了以黄河干流为主的交流路线与通道，以黄河两岸的马家窑与宗日遗址为节点，就形成了以彩陶为代表的贸易交流路线，即"彩陶之路"。因此黄河成为两种文化结缘的发生地，这就不难理解了。宗日文化的主要遗址均分布在黄河干流上，形成了从东向西依次为增本卡、南坎沿和宗日等的宗日文化遗址，可以看出从东向西，从增本卡至宗日遗址，马家窑因素逐渐减弱，宗日文化因素逐渐增强的变化趋势。

1. 增本卡遗址

增本卡遗址位于龙羊峡水库南侧沙沟河的第一级阶地，台地发育良好，遗址面积约2800平方米。遗址发现多处灰坑，厚度为20厘米左右，陶片及动物骨骼遗存较为丰富，从陶器遗存类型（图5-24）来看，增本卡遗址以马家窑文化为主，但是存在少量宗日类型陶器遗存，且距今约4700年前，宗日陶片出现了红彩，说明此时马家窑文化已经传播至增本卡地区。

2. 南坎沿遗址

南坎沿遗址（35°40′41″N，100°14′40″E）位于共和盆地兴海县茶卡镇羊曲村境内的一处较为封闭的河谷盆地内，黄河贯穿整个盆地，四周被高大山峰环绕，海拔2650米。遗址分布在黄河北岸相对独立的三级阶地上，阶地拔河约50米，面积40000平方米左右。遗址西侧为黄河一级阶地，拔河约15米；北侧为二级阶地，拔河约30米，东至香让沟，南临黄河，阶地表面较为平坦。

图5-24 增本卡遗址陶片遗存图

南坎沿遗址上分布有较多的石器、陶片、墓坑、动物骨骼以及灰坑。通过调查发现：遗址西北部与西南部为石器密集区，遗址中部、东部、南部为陶器、动物骨骼、墓坑分布密集区。从陶片可以推测这是一处兼具生活遗址、墓葬遗址功能的大型宗日文化遗址（戚宝正，2022）。

在南坎沿遗址地表共采集到陶片样品393件。经过系统的类型学鉴定分析，发现这些陶片主要分为两大类：乳白色夹砂陶和橙红色泥质彩陶。在文化类型上，它们主要属于马家窑文化和宗日遗存。其中马家窑类型33件，占总数的8.4%，其主要纹饰为条纹。半山类型的陶片有2件，占总数的0.5%，其主要纹饰为锯齿纹（图5-25）。宗日类型的陶片共有358件，占总数的91.1%，其主要纹饰为鸟纹和附加堆纹，这表明宗日遗存在该遗址的活动较为强烈（表5-6）。同时也反映出羊曲南坎沿遗址与马家窑文化存在较为广泛的交流和联系。从马家窑文化陶片的数量来看，

第五章 宗日时期的文化交流

这种交流主要发生在马家窑文化的早期马家窑类型时期，半山时期交流强度已开始减弱，到马厂时期交流已经非常微弱。因此，可以推断在距今5200—4300年期间，宗日文化在南坎沿盆地有活动过。

图5-25 南坎沿典型陶片样品图
a—d 为马家窑陶片；e—g 为宗日陶片；h 为半山陶片

表5-6 南坎沿遗址陶片类型及数量表

陶片类型	年代 / cal ka BP	数量 / 件	占比	类型
马家窑陶片	5.3—4.0	33	8.4%	泥质细陶
宗日陶片	5.2—4.1	358	91.1%	夹砂乳白色陶
半山陶片	4.5—4.3	2	0.5%	泥质细陶

3. 宗日遗址

在宗日遗址中出土有宗日式、马家窑文化与齐家文化陶器。20世纪90年代，宗日遗址发掘墓葬341座，出土462件宗日式陶器，占到陶器总数的85.3%，宗日式陶器占了绝对主导地位；马家窑文化泥质细陶112件（其中32件属于马家窑类型雁儿湾-小坪子期、43件半山类型），1件齐家文化陶器。总体来看，宗日遗址中单个墓葬平均随葬陶器数量4~6件占了44%，1~3件约占31%，7~12件占23%，只有2座随葬多于13件，占总数的1%。从器型来看，以随葬瓮为最普遍，共有135座，占77%；其次为盆钵，占53%，只有36%含有泥质细陶。看来宗日遗址中陶器主

要是以盛放粮食的器具为主，其次为食用器（陈洪海，2002）。我们举2个例子，来说明宗日文化与马家窑文化陶器交流。

（1）宗日墓葬M5。

2020年发掘的最大规模的墓葬宗日墓葬M5（图5-26），为竖穴土坑墓，墓室长约3.87米、宽约2.5米、深近2米。值得一提的是，填土的土质较硬，这与普通墓葬的土质有所不同，可能是有意踩踏等为之。在墓内发现了生土二层台，其上残留有朽木痕迹，这可能是木棍棚盖的遗痕。墓室南侧有一具葬式为俯身直肢葬，保存完好的人骨，头向西北，左臂上举。经过鉴定，是一位25~30岁的女性，墓主人颈部佩戴了数十片绿松石饰品，共出土了17件陶器，其中有7件马家窑文化泥质彩陶、8件宗日文化夹砂彩陶和2件夹砂素陶。（宗日遗址墓葬平均随葬陶器只有4~6件，这座墓可以称得上是宗日遗址的超级大墓，随葬品可谓是异常丰富。）头部上方摆放的马家窑陶器有墓中最大的一个彩陶瓮，高37.5厘米，黑彩橙红色泥质细陶，颈部绘有弦纹、上腹部绘有四个大圆圈纹和贝纹的组合，并用弧纹连接，腹部是水波纹。通体打磨光滑、彩质浓重，油光溢彩，用笔流畅。此外，陶瓮的保存状态完好，肩部、腹部及底部的纹饰清晰可见。该墓规模宏大、保存完整，随葬品丰富，学术研究价值非常高。对了解当时的丧葬习俗和审美观念，以及宗日人群与其他文化的交流与互动，研究青藏高原史前文化提供了宝贵的实物资料（青海省文物考古研究所等，2022）。

从M5墓葬的出土文物来看，我们可以推测：墓葬的主人已经不再是单纯的细石器狩猎采集者的后代，也不是纯粹的马家窑人的后代，而是真正的宗日文化人群，具有宗日文化特质。这个时期的宗日人群具有马家窑文化和细石器文化共同融合的特点。原因在M5墓葬中既有马家窑陶器又有宗日式陶器，此时的人群可以生产出自己独特的宗日式陶器。这时会产生疑问：如果她是马家窑人群，既然那时都会生产如此精美的陶罐了，为什么还要生产做工较为粗略的宗日陶罐呢？反之，如果她是宗日人群，那么随葬的精美陶罐是从何而来呢？

墓葬中两类陶器的摆放位置也反映出这类人群对马家窑陶器的珍惜和重视程度。M5墓葬的主人既能生产宗日陶器，又珍视远道而来的马家窑陶器。此外，M5墓葬主人陪葬品的数量远超一般人数，说明她在当时

第五章 宗日时期的文化交流

拥有较高的地位和权力。综上所述，M5 墓葬的主人是马家窑人群和细石器狩猎采集者的结合体，她既有马家窑文化的传统，又有宗日文化的传统。

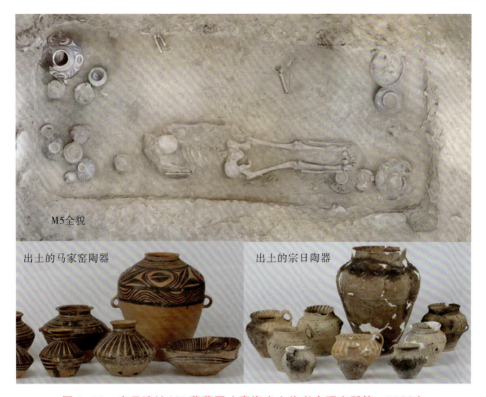

图 5-26　宗日遗址 M5 墓葬图（青海省文物考古研究所等，2022）

总之，宗日遗址时间上几乎贯穿了整个墓地的起始，其自身的发展过程也是比较完整的。宗日墓葬中出土的陶器不仅包括宗日文化和马家窑文化两种风格迥然不同的陶器，同时在一些陶器上还反映出两种文化交融的明显痕迹（图 5-27）。

（2）舞蹈纹彩陶盆。

图 5-28a 为 1973 年出土于青海省大通县上孙家寨墓地舞蹈纹彩陶盆，是新石器时代马家窑文化的代表，也是迄今为止中国最早的舞蹈实物证据，现存于中国国家博物馆。盆高 14 厘米、口径 29 厘米、腹径 28 厘米，内外黑彩。上腹部弧形，下腹内收成小平底，口沿及外壁以简单的黑线条作为装饰，内壁彩绘是盆的主要装饰，施于口内腹上部，由 3 组舞蹈图案组成，每组 5 人。是当时彩陶中罕见的描绘人物形态的作品，它生动活泼的画面、

147

图 5-27　宗日遗址陶器图

（a.泥质细陶具有宗日风格；b、d.宗日式夹砂陶；c.马家窑类型陶器）

（乔虹等，2020）

丰富形象的内容，一经出土就引起大家的关注。彩陶盆上的舞蹈内容不仅真实生动地再现了先民们群舞的热烈场面，更形象地传达出他们用舞蹈来庆祝丰收、欢庆胜利、祈求上苍或祭祀祖先的生活场景，对于了解原始先民的生活，探索原始舞蹈起源、发展、艺术特征等方面都具有重要的参考价值（曾永丰等，2012）。与陶盆同时出土的，有作为装饰品用的穿孔的贝壳，有从事纺织的骨纺轮。值得注意的是，据说20世纪80年代有人就在此处遗址发现了星星点点零散分布的宗日文化陶片，这些都表明了上孙家寨遗址与宗日的交流与互动。

图 5-28b 为宗日舞蹈纹彩陶盆，出土于5000年前的宗日遗址，现存于青海省博物馆，也是现存同类文物中舞蹈形象人数最多的一件。彩陶盆通高12.1厘米、口径24.2厘米、底径9.9厘米，为泥质红陶，敛口平底，黑彩纹饰，口沿处绘有成组的对顶三角纹和短斜线纹，外腹部装饰三道

弦纹，纹饰简洁而流畅。内壁上描绘人形舞蹈图案，舞蹈人像分为两组，一组13人，另一组11人，舞者头戴头饰，身着裙装手拉着手跳着欢快的舞蹈。

图 5-28 舞蹈纹彩陶盆图
（a.出土自大通上孙家寨遗址；b.出土自宗日遗址）

二者均为舞蹈纹彩陶盆，制作方法与表达主题一致，但却分别出土于相隔近300千米的上孙家寨遗址和宗日遗址，反映二者在生产、生活、思想意识上密不可分的文化联系，由于上孙家寨位于湟水流域，因此也能看出共和盆地的宗日文化与湟水流域的马家窑文化也有一定联系。两者均为集体"舞蹈"，且线条流畅，审美与技法均高度相似，最大的区别就是人物服饰的不同，可能是不同区域服饰差别导致，或者与祭祀活动的内容相关。宗日舞蹈纹彩陶盆既不失高原细石器狩猎采集人群的豪放本性，又吸收了马家窑新石器农业种植人群的高颜值审美，说明当以农业种植为生的马家窑人群在向西扩散时，遇到了以狩猎采集为生的高原细石器人群，并且进行了深度的生活、生产等文化交流。

甚至至今，生活在青藏高原的藏族人血液中依然流淌着马家窑先民的艺术基因，"连臂踏歌"的文化已经深深融入围圈起舞的"锅庄"。文明不会消失殆尽，随着文化的流传和时代的变迁，将永远传承下去，生生不息。

国内舞蹈纹彩陶盆除青海出土之外，还有甘肃会宁头寨乡牛门洞村出土1件、甘肃武威磨嘴子遗址出土1件。其空间分布有一显著特点：即凡是舞蹈纹彩陶盆，其出土的地点均不是马家窑文化的核心区，反而落在马家窑文化区，或者说是分布在宗日文化的中心区与影响区。而最近对宗日遗址的正式考古发掘中还发现一带有舞蹈纹的小陶片，这表明宗日遗址至少存在2件舞蹈纹彩陶，舞蹈纹彩陶盆在空间上集中出现于宗日文化中心区，说明舞蹈纹这一文化因素可能从宗日文化传到了马家窑文化地区。

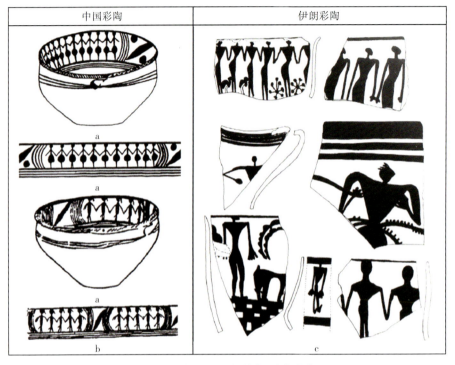

图5-29 中国和伊朗的舞蹈纹彩陶图

（a.宗日；b.上孙家寨；c.锡亚尔克三期）（韩建业，2018）

需要注意的是，有学者指出，在距今5000年左右，东西方文化已经存在交流，马家窑文化在向西传播的同时，不排除西方的文化向东部传送的可能。舞蹈纹彩陶可能就是证据，舞蹈纹图案本来在中国大地看不到，但在西亚和中亚南部地区从距今11000年开始就较为常见。伊朗北部距今6000年的锡亚尔克三期文化彩陶与马家窑文化年代近似、距离较近，其中的舞蹈纹与马家窑类似。（图5-29）因此不排除宗日和马家窑舞蹈纹图案也是西亚和中亚文化向东传播而来的可能，由于宗日与马家窑地处中国西部，西来的文化因素最先在这里被接触到（韩建业，2018）。

第五章 宗日时期的文化交流

（3）抬物盆

宗日文化中出土有二人或一人抬物盆（图5-30），属于橙红色泥质细陶，精细打磨，器型也与马家窑陶器一致，也有马家窑常见的平行线纹和竖线纹，但最突出的主题纹饰有二人或一人抬物，这种纹饰只在宗日中见到，在河湟谷地的马家窑文化中没有出现过。说明二人或一人抬物纹饰属于宗日特有，可能反映了宗日人群特定活动。因此宗日抬物盆很明显又是借用了马家窑文化的技法，但主题却是宗日内容。由此可知，抬物盆的制作者一定是两种文化的见证者或者影响者，他受两种文化共同影响，并将其化作笔端的飞鸟流水，抬物盆的线条中蕴含着对两种文化的认同与包容。我们可以猜想他或是来自遥远的河湟谷地马家窑文化的移民，闯荡高原到了共和盆地，在这里他结识了新朋友；他或是马家窑游子与共和盆地的心爱之人结合的后代。不管怎么样，他们到了新环境，见识新天地，形成一个新群体，他们的名字叫宗日。

图5-30 宗日抬物盆图（单人抬物盆取自李学武，2014）

第三节 宗日磨制石器与装饰品

早在旧石器时代向新石器时代过渡阶段的文化遗存中，磨制石器就已被人类先民所利用，如磨刃石器、穿孔石器等。就高原而言新旧过渡时期的拉乙亥遗址的石磨盘，就属于磨制石器，但绝大部分都为细石器。宗日先民既使用细石器，也制作磨制石器。宗日人群的磨制石器技术不断提高，

宗日文化的内涵与时代价值

随着定居程度的加强，磨制石器的作用也逐渐凸显出来，致使磨制石器的种类不断增加，到了齐家文化甚至出现了玉器。

一、宗日磨制石器的来源与利用

1. 宗日磨制石器与马家窑磨制石器的对比

一般情况下，磨制石器起源于旧、新石器时代交替之际，主要用于有建筑木材加工或农耕等生活生产活动，河湟谷地的马家窑等新石器文化遗存普遍发现有磨制石器，主要类型包括石刀、石斧、石锛、石镰、石铲和石凿等，这些石制的工具都是经过细心磨制的，比较锋利，硬度也较硬，便于耕作，因而被新石器时代晚期的马家窑人群普遍使用。由于马家窑是仰韶东风西渐的结果，因此一般认为马家窑中种类繁多的磨制石器是承接了仰韶文化。

20世纪的发掘工作中，宗日也发现了70件磨制石器（图5-31），主要类型包括斧、锛、凿、刀、纺轮和石球等。其中石刀的数量最多，达到43件，斧和凿各9件，锛6件，石球2件，纺轮1件（青海省文物管理处等，1998）。这些石器类型在马家窑中都能看到，也很普遍，形制几乎一模一样。

以石刀为例，石刀在宗日中应用最为广泛，形式也较为多样，一面有刃，其用途是用于收割黍、粟等粮食作物，石刀的普遍使用是原始农业耕作中的一大进步。宗日系统的整个磨制石器等都是直接照搬马家窑系统，如图5-31中的双孔石刀，a、b均为马家窑分布区的石刀，c~f为宗日出土石刀，二者表现出技术、形制和用途的高度一致性。而且图e的石刀，刃部明显磨损，说明长期使用。考虑到宗日是在马家窑文化强烈影响下产生的，因此，宗日的磨制石器技术应该来自马家窑文化。此外，图中的a和f均为双孔石刀，两端刻有齿，刀身上有规则排列的未穿透的眼，这些图案可能有装饰或者特定含义，两端齿可能是在编织生产中用来平行纬线的打纬器，两件可谓是既神似又形似，甚至都有同样的用途，指示了宗日与马家窑之间极为密切的亲缘关系。这两件器物，也暗示当时纺织生产中可能用的是牛毛等动物毛线，而动物毛线的背后则是对动物的驯养。因此马家窑-宗日时期，很可能已经驯养牛、羊等家畜，这可能是中国最早的一批家养牛羊之一（袁靖，2010）。磨制石器、玉器等这一批东西都学自马家窑,因此,没有马家窑,就没有宗日,并且由此可以看出宗日人群并不是纯粹的细石器狩猎采集者,细石器狩猎采集者没有磨制石器这一套东西,宗日的磨制石器来自马家窑,再次印证宗日是马家窑与细石器交融的产物。

图 5-31 马家窑文化石刀与宗日石刀对比图
a.尖扎拉毛遗址;b.互助黑鼻崖遗址;c~f.同德宗日遗址

铲同样也作为一种翻土松土的农业工具,在原始先民的农业生产中被使用,其主要是用较大型动物的肩胛骨(骨铲)或者石头稍加修整(石铲),将作刃的部分磨平,缚在柄上,通体扁薄,略呈长方形,有的稍短,体形呈桃形,使用方法类似于现代社会的生产工具——铁铲(甘肃省文物工作队,1984年)。因为骨铲或者石铲工具较小且刃部不够锋利,虽不如现代工具利用效率高,但对于原始社会,能够进行翻地等农业生产活动,已经达到了锄耕农业的经济水平(米治鹏等,2023)。宗日遗址中出土的这件石铲明显用来耕地等(图 5-32),由于尺寸并不大,长宽大致在 10 厘

宗日文化的内涵与时代价值

图 5-32 宗日遗址出土石铲图

米左右，估计锄地的深度并不深，反映出当时属于原始农业，生产水平还很低，生产方式还非常粗放。因此石刀与石铲等磨制工具均和从事农业生产有关，是典型的宗日人群学习马家窑人群的直接证据。说明这些来自马家窑的东西帮助到宗日人群实现了农业种植，至于农业种植规模有多大是不确定的，但至少说明宗日人群已经出现了农耕文明。

另外需要提到的是，宗日遗址中出土了齐家文化的玉刀和玉璧等玉器，这显然已经摆脱了农业生产工具的范畴，其中一把穿孔玉刀长 23.4 厘米，宽 4.4~6 厘米，厚仅 0.5 厘米，蛇纹石质，造型规整，琢磨精细，单面磨制，刃部略呈弧形，器身一端穿双孔，均为喇叭状，为单面钻孔，并无使用痕迹，可能是祭祀用品，或与军事权力有关，可能属于礼器。

2. 石刀的传播之路

除了宗日之外，四川岷县营盘山所出的双孔石刀跟马家窑文化的石刀也十分相似；到了西藏卡若，又是单孔石刀，稍微有点区别；而到了克什米尔的布尔扎霍姆，又是双孔刀。（图 5-33）

其中，营盘山遗址位于四川省阿坝州茂县凤仪镇南 2.5 千米岷江河畔，年代为距今 5000 年左右，是典型的新石器时代文化遗存，除陶器之外，遗址还出土了锛、斧、凿、穿孔刀等多种农业生产工具，与马家窑文化遗存具有较高的相似性，对探讨古蜀文化与马家窑文化和仰韶文化的关系具有重要的科学价值。卡若遗址位于澜沧江岸边，是一处典型的新石器文化遗址，与青藏高原同时期先民一样，卡若先民的生产生活工具以石器、骨器、陶器为主，其中，出土于卡若遗址的单孔石刀与地处河湟谷地的马家窑遗存如出一辙，且与位于共和盆地的宗日文化有较高的相似性，可能是因为二者均处于青藏高原地区且都受马家窑文化的影响。

布尔扎霍姆遗址位于克什米尔卡雷瓦斯高地边缘的黄土坡上,双孔石刀和长体斧、锛、凿,地穴式或半地穴式建筑等,与当地传统的布尔扎霍姆文化形成反差,却与来自黄河上游的马家窑文化传统有近似之处,其传播距离之远令人称奇。

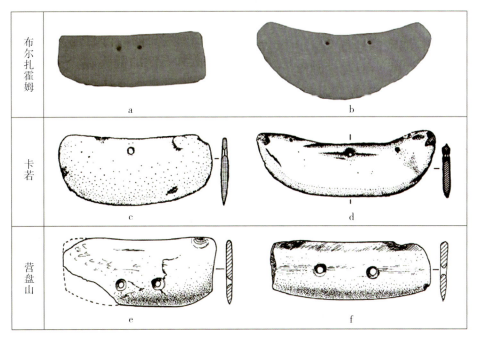

图 5-33　不同遗址的单双孔石刀图(韩建业,2018)

营盘山遗址、卡若遗址、布尔扎霍姆遗址与位于黄河上游的马家窑文化虽在地域分布和自然环境上相差甚远,但都流行形态近似的双孔或者单孔石刀等磨制石器,都居住在半地穴式的房屋中,作为新石器时代的文化遗存,石刀的利用,说明农业种植已代替原始的狩猎采集成为该阶段的支柱产业,且生产力水平已发展至空前高度,如此多的共性,很难不让人觉得这些遗址的文化脉络之间存在关联。

此外,语言学研究表明,史前时期语言分化依赖人类活动,随着农业发展、人口增长,群体沿不同路径迁徙、分化。距今5900年前,汉藏语系下的汉语语族与藏缅语族分流,正好对应仰韶文化和马家窑文化时期,到马家窑中期,藏缅语族进一步分化,进而孕育出灿烂文化。

宗日文化的
内涵与时代价值

> **小贴士**
>
> 布尔扎霍姆（Burzahom）文化是距今5000年左右卡若文化或类似文化穿越山口而至喜马拉雅山南缘，然后沿着山麓西进，最终到达克什米尔地区所形成的（韩建业，2012）。

青藏高原一直以来都是欧亚大陆史前跨大陆物质传播和文化交流的重要区域，麦类作物，驯化羊、马的传入，拓展了史前人类向高海拔种植农业和发展牧业的空间，导致生产生活区域向高海拔地区延伸。距今5300年左右，早先生活在黄河上游的马家窑先民，因为气候变化、人口骤增、资源短缺等原因大胆地向周围迁徙以谋求更加优越的生境。在此设想，其中一个马家窑文化的部落酋长为了谋生，带领着父老乡亲从位于黄河上游的甘青地区通过甘肃中南部向西南行进，一路跋涉到了四川西北部的营盘山，再顺着横断山脉相对比较平坦的峡谷来到了位于澜沧江边的卡若，距今5000年左右卡若文化人群穿越山口行进至喜马拉雅南缘，然后沿着雅鲁藏布江西进，到达了远在克什米尔的布尔扎霍姆。

不论是向高原勇敢"攀登"还是向西南进行"长征"，黄河上游甘青地区凭借着地理位置的优势，成为古老中华文明的"孕育摇篮"，向四周源源不断地输送"新鲜血液"。马家窑先民带着来自河湟谷地先进的磨制石器技术和农业种植手段，适应当地的自然环境，融合当地土著文化，创建全新的家园，并随着时间的推移和文化的演变，逐渐形成了独特的人类文明，因此，马家窑文化对宗日人群的影响是毋庸置疑的。

二、宗日文化中的装饰品

装饰品是装点在人身体的各个部位上，起到美化作用的物品，是一种原始艺术的体现。在马家窑文化中"珠子"是贯穿所有遗址必不可少的装饰品，不论是何种材质的珠子，有的集中出现、有的分散出现，或者与其他装饰品组合出现，例如珠子与绿松石、海贝等交错排布成串，组成项链或者手链。河湟地区马家窑时期墓葬中出土的大量人体装饰品，自头至腕均有装饰，有发笄、发簪、束发器、耳饰（耳坠、耳环）、项饰（项链、挂坠）、臂穿、腕环（手镯）、指环（戒指）等多种类别。特别是圆形、

第五章　宗日时期的文化交流

管状、斧形、长方形、刀形等多种绿松石饰件雕琢得精美绝伦。它们的出现，佐证了古代先民对美的强烈追求，为探索区域文化演变、交流与互动提供了线索。

仰韶早中期墓葬中有石珠和骨环类串珠等装饰品，在河湟谷地新石器文化的装饰品可以追溯到仰韶中晚期的安达其哈、胡李家、阳洼坡等遗址，其中均有串珠出土。在马家窑时期河湟谷地装饰品包括串珠、绿松石饰品和臂饰，串珠最为常见，绿松石也是马家窑文化中不可绕开的话题，不管是绿松石片还是绿松石珠，都是马家窑人不可或缺的装饰物。例如甘肃五坝山墓葬马家窑文化的墓葬，出土装饰品4件，绿松石珠3枚；民和核桃庄马家窑类型1号墓出土10件绿松石饰，民和阳山半山墓葬出土串珠170枚左右，循化苏呼撒半山类型墓葬中出土绿松石饰4件和串珠，乐都柳湾半山类型墓出土40件绿松石饰，马厂类型墓出土204件绿松石饰、串珠2252枚等（田婧璇，2022）。

关于臂饰，通常出现在成年女性的手腕处或成年男性的肱骨处，男性多戴石质臂饰、女子多戴骨质臂饰，骨质臂饰是采用排列整齐的骨片粘合在黑色胶质物上围成筒形进行佩戴。进入齐家文化时期，绿松石装饰更加成为一种必须的装饰品，齐家时期几乎每个遗址均有绿松石饰品的出现，此时集中或者分散的珠子也不止在颈部出现，大量珠子散落在人骨的股骨处，有可能是作为手部装饰的手链出现。值得一提的是，大家俗称的项链骨珠，其实是化学成分为低硬度的方解石、滑石、石膏等岩石，也有一部分是用骨骼做的，我们暂且仍以传统的串珠来称呼。

在共和盆地，早在细石器文化时代的拉乙亥已经发现一枚乳白色石珠，应该是装饰品，但其他细石器遗址中未见报道。20世纪90年代宗日遗址发掘石质装饰品中出土6099枚串珠，单个成薄的圆柱状，直径0.5厘米左右，厚约2~3毫米，中间钻孔，数十个或数千个用绳串联成项链，一般佩戴在头、颈、腕、足部（陈洪海，2002）；除此之外，还出土了绿松石146枚、玛瑙珠47件、水晶石坠3件。平均来看，宗日遗址中约20%墓葬出土串珠，约10%出土绿松石。

在宗日遗址M322墓葬中出土遗体的脖子上有着一粒粒的"大米珠"似的串珠（图5-34、图5-35），这些珠子起初被认为是骨珠或石珠以及

宗日文化的内涵与时代价值

图 5-34 宗日遗址出土的绿松石与"骨珠"图

图 5-35 宗日 M322 墓葬出土装饰品情况图
（格桑本等，1999）

一些用玉石或者石料做的装饰品，在手腕部分还穿戴有类似如今手环的臂饰，上面粘贴有绿松石等装饰品，当时，很有可能是利用动物油脂等黏性物质粘贴在臂饰上面。2020年，宗日遗址发掘出土 49 件绿松石饰品，一般发现于墓主人胸部和背部。形状以片状长条形为主，个别为圆形，还有少量管状，大小不一，有切割和钻孔痕迹，单面钻孔。大部分无孔长条形石饰长 0.5~5.8 厘米、宽 0.3~1.3 厘米、厚 0.13~1.15 厘米（乔虹，2022）。另外宗日人群在开采绿松石时将石皮一同开采，制作装饰物时也没有将石皮全部去掉而是一起制作为装饰品，这一特点在河湟谷地中史前绿松石饰品中较为常见（图 5-36）。

第五章 宗日时期的文化交流

图 5-36　宗日 M5 墓葬出土绿松石饰品图（乔虹等，2022）

宗日文化的装饰品有明显的使用阶段性，在宗日文化分期中，主要为 1~6 段，分别对应着马家窑文化的雁儿湾组、王保保组，小坪子期，半山马厂文化的半山期、马厂期与齐家文化时期，通过表格中发掘的墓葬数量可知（表 5-7），宗日文化在早期 1 段，墓葬中发现装饰品的比重最高，有 66% 墓葬中出土了串珠项链，1/3 的有绿松石，可以看出宗日文化伊始，就有形制非常成熟的装饰品，滑石等项链使用更普遍，绿松石可能因为原料相对稀缺，使用率偏低。到了早期 2 段，装饰品的使用比例明显下降，只有约 1/5 的墓中发现有装饰品，其后基本稳定保持较低的使用频率。在共和盆地，一直延续到青铜时代的齐家文化仍在使用串珠等项链，尕马台遗址中就出土了串珠等装饰品。总之，在新石器时代共和盆地装饰品随葬丰富，长期流行串饰、筒状臂饰；从新石器晚期至青铜时代，在装饰品方面体现出明显的变化，共和盆地仍然保留了丰富的串珠传统，但是河湟谷地串珠明显减少，装饰品则相对贫乏（艾婉乔，2020）。

宗日文化的内涵与时代价值

表 5-7　宗日遗址宗日文化时期已分期墓葬及串珠出土墓葬表（陈洪海，2002）

相对时段		马家窑文化		小坪子期	半山马厂文化		齐家文化
		雁儿湾组	王保保组		半山期	马厂期	
宗日文化	阶段	早期	早期	中期（二期）	晚期（三期）		
	分期	1段	2段	3段	4段	5段	6段
	墓数（合计175座）	15	31	33	32	38	26
	骨珠（合计36座）	10	4	4	4	8	6
	绿松石（合计19座）	6	7	1	—	3	2

宗日伊始装饰品就较成熟与发达，那我们就会提出疑问，宗日的装饰品文化形式来自何方？这种使用串珠与绿松石等饰品的传统与马家窑文化系统喜欢项链、绿松石等装饰品有同样的装饰风格，我们不妨大胆猜测，5200年前，随着马家窑人群向共和盆地的扩散，串珠等装饰品习俗也被带到这里，当地土著人群吸收了马家窑文化，也包括使用串珠等装饰品。宗日的装饰品向马家窑文化学习，这说明，宗日自开始时便受马家窑文化的强烈影响，后期虽然数量有所减少，但这种影响一直都存在，只不过是强弱问题（图 5-37）。

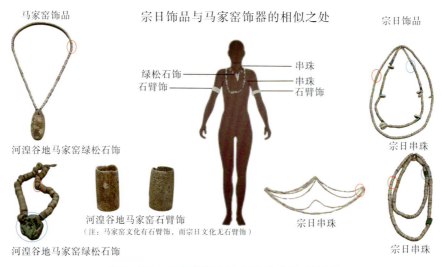

图 5-37　马家窑与宗日文化装饰品对比图

第四节　宗日文化对马家窑文化的影响

宗日文化遗址使用装饰品随葬比较普遍，随葬品的多少可以理解为财富的体现，同时在某种程度上反映着人群的流动性，毕竟定居者不会像游猎者一样将大部分财产带在身上。通过宗日文化遗址出土的细石器与装饰品来看，当时宗日人的狩猎采集游动的比例是大于马家窑人群的，但其中出现有马家窑常见的串珠与绿松石等饰品，这说明宗日文化不仅受到马家窑文化影响，同时也受到高原细石器狩猎采集人群的影响。由古窥今，现今以游牧为主的少数民族同胞依然喜欢各式各样的装饰物，并且会将珍贵的财物带在身上，便于方便游牧的生活。

一、宗日文化对马家窑文化的反向输出与影响

既然宗日文化和马家窑文化双方人群是交流的，那么马家窑文化是否会从宗日文化中学习？又能学到什么呢？传统认为，宗日文化源于马家窑文化，应该只存在马家窑文化向宗日文化单向影响，而宗日文化对马家窑文化的反向输出与影响这个议题尚未被世人所重视。然而，从已有发现的一些蛛丝马迹来看，宗日文化确实对马家窑文化人群施加了影响。我们不妨来看看下面几个例子。

1. 马家窑文化分布区内发现有宗日式陶器

在宗日文化分布区内发现马家窑陶器这是非常正常的事，但是在马家窑文化分布区是否能发现宗日式陶器呢？曾有人提到过，在大通上孙家寨遗址发现有零星宗日式陶器（杜战伟等，2023）。多年的考古工作，几乎在河湟谷地不见宗日式陶的踪迹，顶多在黄河干流的化隆、尖扎、循化一带似有宗日因素的出现，使得大家认为，宗日式陶器并没有到达河湟谷地。

喇家遗址位于青海省民和回族土族自治县官亭镇喇家村，这里地处青藏高原和黄土高原两个高原的过渡地带官亭盆地，遗址南临黄河，分布在黄河北岸二级阶地。喇家遗址面积约67.7万平方米，是黄河上游青海地区齐家文化时期一处十分重要的中心聚落遗址。遗存内涵丰富，以齐家文化为主，兼有马家窑文化、辛店文化等不同文化内涵的聚落遗址，是在中国考古发现的并经科学印证的第一处史前灾难遗址。有大型壕沟、特殊的

宗日文化的内涵与时代价值

聚落形式和建筑形式，有广场和祭坛、祭祀性墓葬、奠基和杀祭现象，有若干被掩埋在房址里因灾难死亡的人类遗骸，有大量因灾害而埋没下来的古代遗存，保留了史前人类生活的原始面貌，直观地反映出了先民的生活方式和生存状态，是一批十分难得的考古研究资料。这是一处特殊的史前灾难遗址，也是极为重要的灾害遗迹，不仅是考古学的重要发现，其科学意义超出了考古学范畴，为环境考古及多学科的交叉研究等提供了重要的资料，具有独一无二的科研价值，是不可多得的文物考古资源，是中国文化遗产的重要组成部分。故此，喇家遗址被评选为2001年度全国十大考古新发现。

喇家遗址2018年度马家窑文化马家窑类型发掘中出土数件夹砂彩陶罐，均施紫红彩，部分口部内侧饰彩绘三角形锯齿纹，器表窄细附加堆纹上涂点彩，这些特征均为宗日式陶器的典型特征（图5-38）。这是第一次在马家窑文化的核心分布区内发现宗日式陶器。这几件宗日式陶片的发现可谓是意义重大，这是马家窑与宗日之间存在双向文化交流的直接证据。考虑到马家窑文化制陶技术相对精湛，因此喇家遗址的宗日式陶器，很可能是宗日人顺黄河而下，带到喇家的产物。虽然数量并不大，但是指向性非常明显，即宗日人曾经来到过马家窑文化区。宗日人为什么要来喇家呢？或者来洽谈购陶事宜，或者在此学习种植、建筑技术，或者只是来走走亲戚，给人留下了无限的遐想空间。考古发掘资料显示，贵德盆地部分马家窑遗址、尖扎格曲新滩墓地、循化苏呼撒墓地和西滩墓地、乐都柳湾墓地、互助总寨墓葬、大通上孙家寨遗址均发现与宗日式陶器风格类似的器物，都表明了宗日文化向马家窑文化区进行传播的事实。总之，宗日文化与马家窑文化的交流是非常密切的，只不过就两种文化影响程度来看，马家窑文化对宗日影响更大，宗日文化对马家窑影响偏小。

笔者也注意到，早在100年前安特生对西宁朱家寨遗址的发掘中就发现了宗日文化的影子。1923年瑞典地质学家、考古学家安特生为证明中国仰韶文化来自西方，顺着黄河就来到了青海，在西宁周边发现了朱家寨遗址，并进行发掘。在那里获取了不少彩色陶器，因为当时河湟谷地还属于甘肃省，因此认为这属于甘肃的仰韶文化。就目前的科学认识来看，安特生发现的朱家寨遗址其文化内涵主要为马家窑文化半山类型，因此朱家寨遗址是最早被发现与发掘的马家窑文化遗址，并且混有少量的卡约文化器物。安特生非常细致，不仅对完整器物进行了研究，而且对典型陶片也做了整理与记录，非常难能可贵。就在安特生整理的朱家寨陶片中，有片序号为 K2055：9 的陶片，耳部有 4 条竖形附加堆纹，上腹部有尖状泥条捏塑（安特生，1992）。这就是典型宗日器物的特征，很可能这是件宗日式罐的一部分。这里发现宗日式陶器或者宗日文化因素也是顺理成章的事，因为这里是马家窑文化分布的最西端，宗日文化分布的东端，属于两种文化上过渡区域。这也说明，宗日文化对马家窑文化影响不仅发生在黄河干流两岸，也发生在湟水流域。

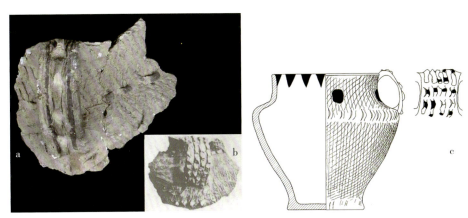

图 5-38　河湟谷地马家窑类型遗存中发现的宗日式陶片图
a. 喇家遗址发现的宗日式陶片；b. 朱家寨半山类型疑似宗日式陶片；c. 宗日遗址出土类似陶器

2. 沿黄河东传的海贝

海贝是生活在海洋中的贝类动物的壳。它们的外壳通常由钙质构成，形状各异。海贝在人类社会中有多种用途和作用。首先，因为它们外观美丽、形状多样，它们可以被用来制作各种艺术品和工艺品，比如手工饰品和贝壳画。其次，某些稀有或美丽的海贝壳具有经济价值，可以被用作贸易品，有时甚至作为货币或交换物。此外，考古学家通过研究出土的海贝壳，可以了解古代人类的活动、交流和贸易网络，对于研究古代社会具有重要意义。

根据目前考古研究，宗日遗址发现了我国较早使用海贝的证据，出土了92枚，并发现有10枚胆形织纹螺贝，这些海贝不仅时代早，数量也很大，主要是天然海贝，少量背面有打磨和钻孔，大部分保持自然状态，但磨损严重（秦小丽，2021）。另外海贝也见于青海大通县上孙家寨遗址，属于马家窑文化，距今5000—4700年；西宁朱家寨遗址出土骨制仿贝，属于半山文化或马厂文化，距今4700—4000年；柳湾马厂文化墓葬中也出土海贝若干件，距今约4300—4000年。因此青藏高原东北部成为我国历史最早使用海贝的区域。

图5-39　宗日M80墓葬出土的Plicarcularia亚属织纹螺（艾婉乔，2020）

有趣的是青藏高原东北部中，使用海贝的时间都有一定差异，大体来看，西部宗日遗址与上孙家寨遗址使用比较早，偏东的柳湾遗址最早使用海贝的时间可追溯到马厂类型晚期。在此之前，距今4500—4200年的半山类型晚期和马厂类型早期尚不见有海贝遗存，表明此时海贝尚未传入河湟谷地地区，这两个时期墓葬里出土的贝壳类物品中只见河蚌壳（图5-40，图5-41）。然而，到了马厂类型晚期发生了显著变化，首先是该时期柳湾的墓葬里直接出现了海贝遗存，而早期存在的河蚌壳则逐渐消失，这表明马厂类型中期的先民开始通过某些途径获得了海贝这一珍稀物品。也表明，海贝的使用就是在东北部，也存在西部偏早、东部偏晚的时间特征。也就是说海贝使用存在从西向东依次传播的过程，这一过程也适用于整个中国。

第五章 宗日时期的文化交流

图 5-40　半山时期柳湾墓地出土的蚌饰图

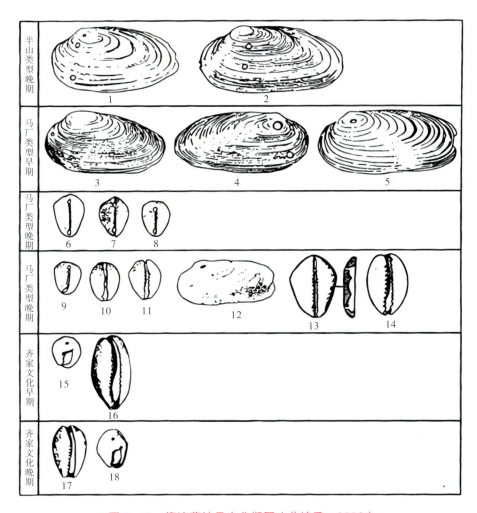

图 5-41　柳湾墓地贝壳分期图（艾婉乔，2020）

宗日文化的内涵与时代价值

通过前人研究整理的中国海贝出土时空分布图（图5-42），可以发现：在新石器晚期中国最早使用海贝的遗址基本集中在青藏高原东北部的黄河上游地区，尤其是宗日遗址，其出土了90余枚海贝（陈洪海等，2000）。沿着黄河从西到东，扩散到黄土高原和华北地区，到了夏商周，环绕青藏高原的北部新疆地区、南部四川盆地都发现了海贝，可谓是中华大地上宝贝遍地开花。因此发现海贝的遗址明显存在西部青藏高原较早，而与高原相邻的东部、北部和东南部区域年代偏晚的现象。

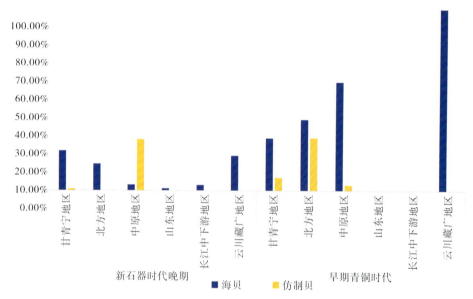

图5-42 中国史前海贝、仿制贝出土数量占比图（秦小丽，2021）

海贝主要出现在墓葬遗址中，并反映了不同时期的海贝使用情况的历史趋势（王必建，2019）。因为发现海贝的遗址，大多属于东亚内陆地区，这里远离海洋，从海洋踏至而来外形光滑、色彩鲜艳的贝壳，可是稀罕玩意，既可充当装饰作用，又可以作为交流贸易的媒介。到了商代，贝壳的货币功能强化，这可以从汉字的造字看出来，因为商代是造字时代，凡是与货币有关的汉字，多带"贝"字旁，比如财、贷、赚、赊账、货等，不胜枚举。因此海贝在中国文明发展中起到了重要作用。从目前中国已发现海贝的考古遗址时间来看，中国考古发现的海贝最早出现于青海，大致始于新石器时代晚期。整体来看，自新石器时代晚期，中国开始使用海贝，

第五章 宗日时期的文化交流

海贝在夏代时期的使用逐渐增多和扩大，史前至夏代可被视为中国古代海贝使用的初始期，商周时代是海贝使用的辉煌期，而到了秦汉时期，海贝的使用进入了快速衰落期，使用习俗逐渐退出历史舞台。

> **小贴士**
>
> 卡若文化分布于西藏昌都海拔3100米左右的澜沧江河谷中，距今5300—4100年，卡若遗址发掘面积达2030平方米，出土文物7000多件，打制石器、细石器和磨制石器共存，细石器比例较高，制作夹砂陶器，种植粟、驯养猪和牛等家畜，狩猎狐、青羊、马鹿等，并建筑房屋，房屋为面积一般在10~30平方米的方形半地穴式的卵石墙建筑，卡若文化受马家窑文化影响较深。

那这些海贝是从何而来呢？目前学界一般认为，海贝是来自东海、南海、印度洋等沿海地区。通过生物学类型比较分析，多数学者认为上述发现的海贝属于其中的腹足纲宝螺科软体动物（Cypraeidae），其现生种类主要分布于红海、印度洋的热带或亚热带暖、浅海区（彭柯、朱岩石，1999）。在同一时期，印度洋地区存在哈拉帕文化，宗日与马家窑文化里发现的海贝来源很可能和印度洋地区的哈拉帕文化有关。

哈拉帕文化又称印度河文明，是闻名于世的古代四大文明之一，主要分布于南亚次大陆的西北部地区，即今天巴基斯坦、印度西北部和阿富汗东北部的印度河流域。印度河文明以印度河和萨拉斯瓦蒂河为中心，东至恒河上游地区，西至俾路支斯坦和伊朗交界处，北到喜马拉雅山，南至达布蒂河流域，覆盖面积约100万平方千米（图5-43），哈拉帕文化活动年代为距今5300—3300年，鼎盛时期距今4500—3750年（邱四平，2023），与青藏高原东北部宗日、马家窑文化基本同期。哈拉帕文化主要从事灌溉农业种植，种植小麦、大麦棉花等农作物，并驯养牛、羊、猪、象、骆驼等牲畜，手工业已经从农牧业中分化出来，手工业较为发达，有轮制陶器、青铜的冶炼加工、棉花纺织、宝石和象牙的雕琢等；青铜工具和器皿得到广泛使用；有一定规模的商贸活动，体现出较高的物质文明。遗址总数可能高达2000个，重要遗址包括哈拉帕和摩亨佐达罗，呈现出成熟而发达的古代城市文明。遗址内房屋建筑多在 2 层以上，甚至有良好的排水系统，整个城市布局规划精心设计、巨大的建设规模以及种类齐全的社会生产分工，说明城市有较强组织动员和建设能力，以及较高的经济发展水平。

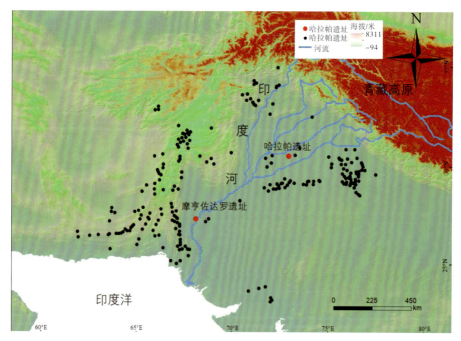

图 5-43 哈拉帕文化分布图

有研究注意到，哈拉帕文化与青藏高原马家窑及卡若文化存在交流与互动（施兰英等，2023）。卡若出土炊器用的深腹罐上表面出现不规则的扫痕，学界认为是在陶器成型后经细树枝或扫把刮扫所致的扫痕，这种陶片占总数 7.8%；同样的"抹刷纹"技法陶器也出现在距今 4000 年的克什布尔扎霍姆和哈拉帕文化中，马家窑文化中常见的有陶手镯、中间带孔的圆盘器，以及凹背弧刃半月形穿孔石刀或长方形穿孔石刀、海贝和费昂斯（串珠状装饰品）等（图 5-44，图 5-45），除此之外卡若文化遗址中也发现了 10 枚海贝和 10 枚装饰品珠子，这些都在哈拉帕文化中有发现。由于这些地点拥有不少共同的文化因素，尤其是卡若文化与布尔扎霍姆诸多相似性，使得有学者认为青藏高原东北部的马家窑文化、东南部的卡若文化是以克什米尔地区的布尔扎霍姆为枢纽，实现了南亚哈拉帕文化的交流与互动。

第五章　宗日时期的文化交流

图 5-44　马家窑与哈拉帕文化出土的装饰品图
（左：马家窑文化出土的菱形费昂斯、石、骨组成的串珠；右：哈拉帕文化费昂斯串珠）
（施兰英等，2023）

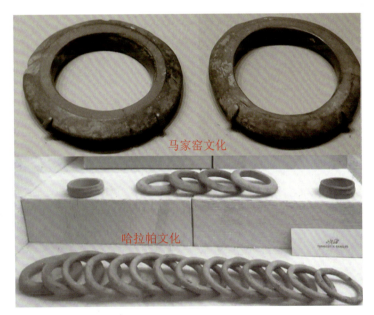

图 5-45　马家窑与哈拉帕文化出土的陶手镯图（施兰英等，2023）

　　从印度洋沿岸地区到宗日和马家窑文化分布区的距离如此之遥远，这种海贝的传播必定经过一番辗转周折。青藏高原西部边缘的列城曾经是中亚地区重要的贸易中心，从传统上来看，印度河流域至青藏高原的传统路线是古代商队由列城向东通过克什米尔地区翻越高耸的喜马拉雅山脉，经雅鲁藏布江河谷进入青藏高原内部，在沿线的城镇进行买卖交易（夏勒，

169

2018)。值得注意的是，位于克什米尔地区的布尔扎霍姆一期乙段遗存与卡若文化存在许多相似之处，而其绝对年代不早于卡若文化（距今4800—4500年），推测其出现与卡若文化传统沿雅鲁藏布江大河谷或者喜马拉雅山南缘西向扩散与迁徙有关。这也表明存在这样一条路线，启示我们来推敲海贝大致的传播路径（图 5-46）：遥远的海贝很有可能是从克什米尔地区翻过喜马拉雅山脉，沿着高原雅鲁藏布江河谷地带一路传到高原内部的昌都卡若遗址一带，通过接触到当时高原原有的细石器人群，传给与细石器文化人群有着密切联系的宗日文化人群，接着沿着黄河向下传播到马家窑文化马厂类型时期的人群。因此从时间和空间的先后顺序不难看出，宗日与马家窑文化遗址中的海贝很可能产自遥远的印度洋沿岸地区。

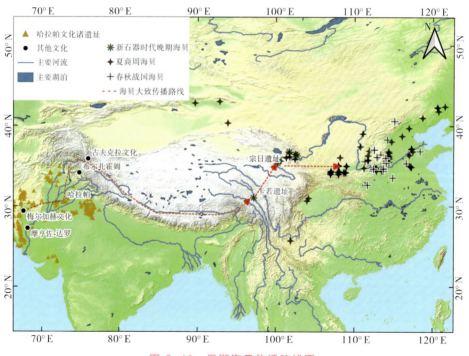

图 5-46　早期海贝传播路线图

综上所述，宗日文化地区所用的海贝是中国整个区域内已发现的海贝中数量较多、时间最早的。换而言之，可以得到这样的一个结论：宗日文化人群是中国目前发现最早使用海贝的一批人群，由其将海贝的使用扩散给马家窑文化人群。因此，我们可以发现，事实上不仅仅存在马家窑文化

第五章 宗日时期的文化交流

对宗日文化的影响，同时晚期宗日文化人群开始反向影响马家窑文化对海贝的使用，进而带动中国乃至东亚地区以贝为宝，以贝为币，作为开展贸易与交流的媒介，掀开了文化交流与经济发展的新篇章。从这个视角上来看，宗日文化虽是青藏高原东北部一支不起眼、规模不大的地方新石器文化，但其作用不可小觑，甚至对整个中华文明的产生与形成都贡献出了自己的力量，因此看待宗日文化，不仅应放到青藏高原东北部的区域视角，更应该放在中华文明，以及东西方文明交流的视角中去。

二、宗日红彩使用与传播

回看宗日文化的彩陶，我们可以发现，宗日人似乎对在彩陶制作中运用红色颜料情有独钟。对于宗日文化的陶器而言，红彩的运用可以追溯到在宗日遗址出土的红彩条纹陶罐，其年代距今不晚于5000年。宗日文化增本卡遗址野外调查中发现了马家窑文化马家窑类型晚期的陶片，这些陶片指示了年代信息。在遗址中也发现宗日红彩鸟纹陶片，对该遗址发现的有人为使用痕迹的动物骨骼（鹿骨）进行放射性碳十四年代测定，结果显示年代为距今4827—4609年的概率为88.4%（图5-47），因此，我们可以推断增本卡遗址的平均年代为距今4718±109年。由此可知，宗日文化

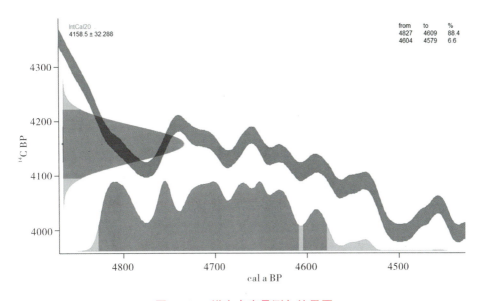

图 5-47　增本卡鹿骨测年结果图

宗日文化的内涵与时代价值

在陶器生产制作中使用红彩的时间至少不晚于距今4700年。这不禁使人产生疑问：宗日文化人群在彩陶制作中运用红彩的偏好也是学了马家窑文化的吗？或是自主创造的呢？

为了回答上述问题，我们需要仔细梳理红彩在马家窑文化和宗日文化中的使用时间和演变过程。根据20世纪90年代和近几年宗日遗址的考古发掘成果，学者们将宗日文化划分为早、中、晚三个时期（陈洪海，2002；乔虹和马骞，2022）。宗日文化早期为距今5200—4900年，伴出马家窑类型中后期的彩陶，宗日式陶器由少至多，而出土的马家窑文化陶器遗存属马家窑类型彩陶序列雁儿湾、王保保和小坪子期的3~5期，宗日遗址出土的红彩条纹陶罐墓葬也伴出马家窑类型王保保期的彩陶（图5-48）（乔虹等，2022），马家窑类型彩陶指示了时代信息，由此推断出红彩条纹陶罐时代属于宗日文化早期，大致相当于马家窑类型王保保期，该红彩条纹陶罐指示宗日文化在早期就使用了红彩。宗日文化中期为距今4900—4500年，如增本卡遗址便属于这一时期，相当于马家窑文化的小坪子期和半山文化类型时期，晚期为距今4500—4100年，大致对应半山文化类型期、马厂文化类型期。

图5-48 宗日遗址2020QTZ Ⅲ区M5墓葬中出土的陶器图（乔虹等，2022）
（a.马家窑彩陶瓮；b.宗日式红彩条纹陶罐）

第五章 宗日时期的文化交流

马家窑文化的陶器也有自身的发展脉络,其存在的时间最早可追溯到的年代是距今 5200 年或 5300 年。其中存在较早的马家窑类型,通过对比陶器的器型、纹饰等特征,基本可以划分为 5 个序列阶段(丁见祥,2010;严文明,1978)。我们在这里可简称为:一期蒋家坪下层(石岭下)、二期西坡、三期雁儿湾、四期王保保、五期小坪子(图 5-49)。永登蒋家坪下层、东乡林家下层遗存分别属于马家窑类型一期和二期的典型代表。在这一时期,彩陶经历了从朴素到精致的转变,器型仍然主要为盆、钵、碗等。常见黑彩在橙黄陶上绘制花纹,图案包括反向的弧边三角纹和在其间隙中填充的网格纹,其中弧边三角纹中首次出现了圈点,是马家窑文化彩陶的特色之一。马家窑类型三期和四期的彩陶进一步发展,典型遗址包括西坡洼下层、兰州雁儿湾、兰州王保保城和民和核桃庄等墓葬遗址。在这个时期,彩陶在器型和纹样方面取得了显著进展。陶器表面打磨光滑,

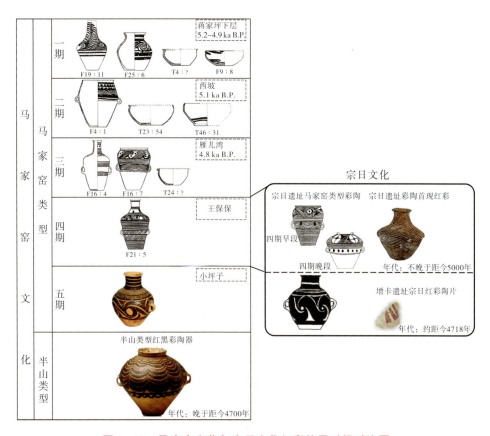

图 5-49 马家窑文化与宗日文化红彩使用时间对比图

宗日文化的内涵与时代价值

采用浓亮如漆的黑彩绘制在细腻光洁的橙黄色和米黄色陶器上，散发出引人注目的光彩。采用通体彩绘方法，常见图案如瓶、壶等以多道均匀的并行弧线和横线组成，是此时期彩陶的特色纹样。同时，动物图案被神化，使得图案构成更为复杂巧妙。综上来看，马家窑文化中的马家窑类型的彩陶序列的陶器纹饰颜色以黑彩为主，有少量白彩，基本不见红彩。

众所周知，在马家窑文化的发展中，半山文化类型在马家窑类型文化之后。半山文化类型因 1924 年发现于甘肃省广河县河西岸的半山遗址而得名，分布区域涉及甘、青、宁三省，流行于距今 4500—4300 年。在彩陶特征上，半山文化陶器与马家窑类型陶器相比较，有众多一脉相承的相似特征，但也有一些显著的变化：出现黑色和红色两种颜色构成的红黑复彩组合搭配。根据李水城《半山与马厂彩陶研究》中的分期，半山文化类型彩陶可分为五期。半山一期处于文化转型的过渡期，主要分布地区在兰州左近洮河地区及湟水下游地区一带，器型较为粗胖，有折肩的表现，多绘黑色单彩，少见红彩装饰，流行锯齿纹、细密的平行线纹和水波纹。半山第二期属于半山类型彩陶早期，与第一期的主要分布区域大致相同，但疑似有向东退缩的迹象。器型中的折肩表现变为鼓肩表现，有许多黑红复彩的纹样，特别是出现了红彩纹样两边被黑彩纹样包围的经典样式。半山第三期是半山彩陶的中期，开始进入繁盛发展阶段，其分布地域开始向东、北部地区扩张，代表遗址有广河地巴坪、半山区、边家沟等。第三期的纹样大量运用黑红复彩，且相对第二期增加了红彩的比例，腹部花纹流行首尾相接的旋涡纹，通常是内部红彩和外部黑彩的复合结构。由此可见，其红彩的运用呈现出由少到多、由简到繁杂的发展过程，也就是说马家窑文化在半山时期才开始使用红彩。

综合增本卡遗址的红彩鸟纹陶片和遗址测年数据、宗日遗址红彩条纹陶罐以及红彩在马家窑系统的使用，就可以发现红彩首先在宗日文化中使用，时间大约在距今 5000 年。马家窑文化直到半山时期，即 4500 年左右才使用红彩。由于宗日文化和马家窑文化之间存在着密切的文化联系，推测是宗日文化人群将使用红彩的文化传统传播至马家窑文化。宗日文化人群对红色的喜爱源远流长，一直使用红彩制作彩陶。与此同时，马家窑文化中马家窑类型所产的彩陶仅为精美纯熟的黑彩，红彩的出现相对较晚。

直到半山类型时期,马家窑文化的陶器中才开始出现红彩。作为马家窑类型直接继承者的半山式陶器最有可能的是接受了来自宗日陶器的红彩绘制。因此,半山类型陶器所使用的红彩很可能受到了宗日文化人群的影响。

三、宗日独特纹饰的传播影响

宗日陶器的彩绘纹样并不复杂,主要有两大类,即折线纹和鸟纹,折线纹主要出现在壶类器物上,鸟纹则使用广泛,碗、钵、壶、瓮均有绘制。而且鸟纹形式多样,非常发达,诸如三角纹、长条三角纹、倒三角纹、折尖竖条纹都是鸟纹的变体。看得出来,宗日文化对鸟情有独钟,鸟纹在宗日式陶器上比比皆是,因此鸟在宗日人的精神世界里是不可或缺的,甚至可能以鸟为图腾。宗日文化时期,对鸟(高山兀鹫)的刻画手法开始出现写实和写意两种风格,最突出的特点是小头细长颈,将鹰头与鹰身连为一体。有的呈三角形,三角形底部用点线表示高山兀鹫的羽毛,体现体形特征,可一眼看出表现的是鸟的形象;有的只用简单直线和点的组合,突显细长而挺直的脖颈,简单一笔写意,鸟便跃跃欲飞。这些鸟纹大多是等间隔地绘在彩陶器物壶颈部或在碗、钵口沿部分围成一圈,表现出宗日先民比较独特的艺术审美意识(图 5-50)。

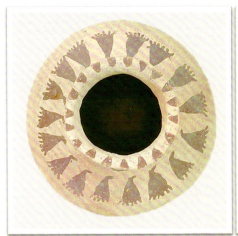 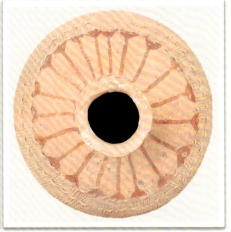

图 5-50 宗日文化的鸟纹图

宗日文化的内涵与时代价值

到了宗日晚期5~6段，鸟纹有所复杂化，一种是上文所述的写意手法，呈现简单的细长三角形；另一种是">"字型折尖形，再配以三角形，共同组成较早期复杂的鸟纹。马家窑文化中一直存在鸟纹，但马家窑类型鸟纹与宗日鸟纹最大区别是，马家窑刻画的是灵动飞翔的鸟，而宗日则是苍茫驻足的鸟。到了半山、马厂时期，不见飞翔的鸟，而是借鉴了宗日简洁鸟的画法。从图5-51可以看出年代更晚的半山类型和马厂类型陶器上出现了明显的">"字形折尖的三角形，这种鸟纹形象的表达，显然是受宗日文化的影响。

▲ 宗日遗址的鸟纹

▲ 半山类型的鸟纹

◀ 马厂类型的鸟纹

图 5-51 鸟纹的演变与传播

宗日人群为什么如此崇拜鸟呢？我们进行揣测：鸟翱翔在蓝天上，在古人看来是上天的主人和化身，既能远距离飞翔，又是天空的主宰，是自然巨大力量与变化无穷的代表。根据民俗学资料，中国西部许多民族往往以鸟为图腾，尊鸟为祖先。比如基诺族祭师董萨在祭祀祖先时必须头饰孔雀、野雉等百鸟羽毛的羽冠，身穿长袍，否则在习俗中祖先会视他们为异类，不予理睬。彝族地区曾有用绿斑鸠鸟作为家族的名号及祖先崇拜的历史,哈尼族以鹌鹑和麻雀命名世系。

依照这个思路,宗日陶器上的"卍"字纹就不难理解了。宗日式陶器中,有一种独特的原始符号——"卍",其源头与宗日鸟纹有莫大渊源(图5-52)。若把图 5-52 中宗日盆中心的图案看作是一群尾端相连为圆心的飞鸟组合,将图案进行简化,四只鸟围聚在一起,就变成"卍"字纹。因此我们看到宗日陶器上有"卍"字纹从原始到成熟的完整链条,不排除"卍"字纹是宗日独立的文化符号。

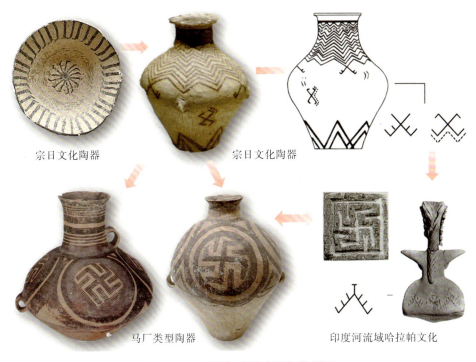

图 5-52　"卍"字纹来源与传播图

令人惊奇的是,这样的"卍"字纹符号不仅仅出现在宗日文化陶器上面,同样也出现在年代更晚的马厂类型的陶器上,甚至远在印度河流域的哈拉帕文化中也有十分相似的符号出现。难道说这"卍"字纹是各地不谋而合、独立演化出来的符号吗?其实不然,这"卍"字纹符号在自然界中几乎不存在类似的图案,因此分布在不同地区的先民很难从自然界中直接获取灵感,从而独立产生这样的符号。相反,"卍"字纹符号很有可能来自宗日文化对周围文化的传播和影响后,所衍生出来的共同纹饰符号。宗

宗日文化的
内涵 与 时代价值

日文化人群通过对鸟纹绘制的不断发展、演化，形成了"卍"字纹这样独特的原始符号，之后传播给了马家窑文化的马厂时期人群和远在印度河流域的哈拉帕文化人群。这样的事实也证明了文化的传播是双向的，宗日文化也有向外传播、输出自己的文化产品。

四、宗日文化是新石器亚洲文化圈互动的中转站

从宗日遗址中数量可观的彩陶来看，一方面，宗日文化曾受到马家窑文化的强烈影响，宗日文化在陶器的器类上与马家窑文化相似。但是另一方面，宗日文化也有自身所发展的陶器独特风格，在陶质颜色和纹饰方面与马家窑文化有明显的区别，自成体系。宗日文化有着自身独特的文化印记，也有独特的地位，尤其是在青藏高原史前文化的形成与演变中。两种文化人群在陶器制作技艺上的碰撞与交流，即使马家窑文化得以在青藏高原东北部地区产生重大影响，也使当地的宗日人群掌握制陶技艺、种植等技术后，逐步成为青藏高原的重要力量，进一步影响了周围文化人群的生活，向其传播和输出了宗日文化的独特印记。

以往由于青藏高原严酷极端的自然环境，一般认为高原人类活动历史非常短，但是近些年的考古发现，高原人类活动可以追溯至更新世中期的旧石器时代，近日张晓凌研究员报道位于高原腹地海拔4700米西藏阿里地区狮泉河上游的梅龙达普洞穴中，发现旧石器时代至早期金属时代各类文化遗物逾万件，包括石制品、骨制品、陶片、青铜器、植物遗存等。遗存早期不晚于距今4.5万年的旧石器时代，晚期为距今4000—3000年的青铜时代，显示以梅龙达普遗址为核心的遗址群代表了该区域长时期大规模的人类活动历史。因此传统上认为是蛮荒之地的青藏高原，现在也变得生机勃勃，人气满满。此外，青藏高原的地理位置也有特殊性，即处于亚洲大陆的中心，是东西方文化交流、南北向文化传播的枢纽地带，跨大陆四方的文化都可以在此汇聚交流。

新石器文化末期亚洲可划分为三大文化圈：北方草原圈、东部中国圈和亚洲中部圈，三个文化圈并不孤立，之间又存在一定交流和互动（图5-53）。宗日文化无疑属于东部中国圈，深受其影响。但其地理位置所处的青藏高原也位于三大文化圈之间的交叉作用地带，青藏高原自然环境严

第五章 宗日时期的文化交流

酷，也并没有阻挡住人类迁徙与文化交流互动的步伐，其内部的沟壑纵横也是人群互动交流沟通的天然走廊，沟通了东亚和西亚、北亚和南亚诸多文化圈。生活在青藏高原文化圈交叉与共同作用的宗日文化人群，很有可能在文化圈的互动中充当着中转手的作用，串联起中原与中亚、西北亚、南亚地区的文化交流。在这里你能看到来自中原的粟黍、彩陶与双孔石刀等向西、向南传播，也能看到来自印度洋的海贝跨过千山万水来到了宗日，并通过这里向中原输送，也把自己文化独特的"卍"字纹符号向东传给了马家窑，向西南传到了印度河流域的哈拉帕文化。因此我们能在宗日看到难得的汇集四方之奇珍，掇撷八域之菁华的文化交流的盛景。

图 5-53 宗日文化与三大文化互动圈（改自李旻，2017）

第六章 宗日文化的影响与时代价值

第一节 宗日文化的消失

一、宗日文化的衰落

任何遗存都与所处的环境有很大的关系,政治经济文化往往是驱动社会发展的重要动力,而自然环境对人类发展也会产生一定的影响。宗日文化是一种农业种植和狩猎采集混合的生产方式,是马家窑类型时期东部农业文化向西发展的结果,也是青藏高原细石器狩猎采集人群转化为农业定居人群的遗存。

宗日文化所在的共和盆地,其气候条件见下表(表6-1)。我们知道宗日-马家窑文化时期,广泛种植粟黍,粟黍是喜温作物(程纯枢,1991),生育期间要求≥10℃积温1600℃~3000℃,种子发芽最低温度7℃~8℃,最适温度15℃~25℃,最高温度30℃;苗期不能忍耐1℃~2℃低温,茎叶生长适宜温度22℃~25℃,灌浆期为20℃~22℃,低于15℃或高于23℃对灌浆不利。宗日文化分布区年均气温2℃~4℃,≥10℃积温在1000℃~2000℃,河谷地带刚刚满足黍粟生长的热量条件。黍粟是一种耐旱、适应能力强、生长期短、易保存的旱作栽培植物,生长期需水量290~310毫米,黍粟作物要求全年最低降水量约380毫米,同德、贵南等地年均降水量在400~430毫米,刚好能满足粟黍的生长,而共和、兴海大部分地区在311~344毫米,已经无法满足粟黍的生长要求了,但黄河河谷地带可以依赖灌溉等解决缺水问题。从以上分析可以看到,宗日文化区正好处于粟黍旱作农业发展的临界点,实际上只有黄河河谷地带可以满足粟黍种植的水热条件,其他区域已经不能满足了。这样就导致两个结果,其

第六章 宗日文化的影响与时代价值

表 6-1 共和盆地气候指标与农业指示意义表

气候指标	农业指示意义	数值	评价
年均温	区域热量总体状况	2℃~4℃	热量资源偏低
≥0℃积温	土壤解冻，牧草开始生长，多种作物可以播种，农耕期开始；≥2000℃能满足春小麦生长	1500℃~2500℃	可以发展畜牧业，处于农业的下限阈值
≥10℃积温	作物进入旺盛生长	1000℃~2000℃	处于满足粟黍生长的临界
年均降水量	区域水分总体状况	300~450毫米	同德、贵南可以满足粟黍生长，其他宗日分布区不满足

一，宗日遗址分布有明显的指向性，一般都在共和盆地的黄河两岸；其二，共和盆地处于季风分界线上，加之本区处于粟黍种植的气候临界点上，整体对气候变化非常敏感，我们知道自距今 4000 年以来，全新世大暖期结束，气候开始变得冷干（图 6-1）；距今 4000 年前，气候暖湿，共和盆

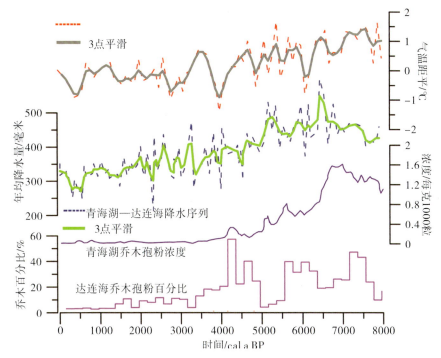

图 6-1 青海东北部气候与植被变化图

宗日文化的内涵与时代价值

地水热条件应该能满足粟黍种植；距今4000年以后，气候变得冷干，大部分地区不能种植粟黍了，粟黍是马家窑-宗日文化系统重要的粮食作物，粟黍产量的下降，势必会导致文化的衰落。这就解释了马家窑-宗日时期在距今4000年左右的衰落，只是宗日人群依靠狩猎和驯养家畜来维持基本生活，还能残喘一段时间，气候变化迫使马家窑与宗日先民必须放弃原有的生活方式，高原畜牧业在蓄势待发，即将登上青藏高原的历史舞台。当然，共和盆地宗日文化的衰落，与马家窑文化的衰落息息相关。距今约4100年，甘肃崛起的齐家文化开始进入河湟谷地，此时的马家窑文化马厂类型面临着新到来的齐家文化明显的挤压与胁迫，马厂文化开始衰落，并演变为齐家文化。宗日文化与马家窑文化在空间上互为紧邻，文化上相互连通，人群上有亲缘关系，二者休戚与共，马家窑文化的衰落，势必引起宗日文化的衰落。

> **小贴士**
>
> 积温，一年内日平均气温≥10℃持续期间日平均气温的总和，即活动温度总和，简称积温。是研究温度与生物有机体发育速度之间关系的一种指标，从强度和作用时间两个方面表示温度对生物有机体生长发育的影响。

二、宗日文化与青海青铜文化的关系

宗日文化持续的时间为距今5200—3900年前，前后延续足足有1300年，基本上与马家窑文化并行，并可能延续至齐家文化时期。共和盆地在约距今4000年以后逐渐被齐家文化所替代，在贵南尕马台、增本卡和宗日遗址均发现了齐家文化时期的遗存。贵南尕马台大体属于齐家文化中期，对于建立共和盆地新石器-青铜时代的文化序列有一定启发。根据地层叠压关系，尕马台新石器遗存发现14处烧灶面、18座瓮棺葬，出土陶器31件、石器113件，其中刮削器、石片、细石叶等打制石器24件，斧、锛、凿、刀、石球和镞等磨制石器84件，其他类5件；其中石斧28件，石刀10件；骨器103件，以及大量的陶片和动物骨骸；新石器文化主要以马家窑文化马家窑类型晚期为主体，包含了半山和宗日因素，发现了典型的宗日式夹砂彩陶罐和彩陶壶，均饰紫红彩，纹饰为鸟纹和平行折线纹，根据遗物判断时代为距今4700—4500年。此后没有人类活动，直到齐家文化时期，齐家人重新又在此地生活，将原来居住遗址开辟为墓地，对早前宗日遗址造成很大的干扰与破坏，在尕马台墓地发现44座齐家墓葬，发现了海贝、串珠、绿松石饰品，生活工具有石球、细石器和研磨器等，以及齐家文化陶器。其中石质生产工具6件，石球2件，研磨器1件，细石叶3件（青海省文物考古研究所等，2016）。需要注意的是，尕马台马家窑与齐家文化相比，首先马家窑遗存里有宗日因素，但到齐家文化时期，没有发现宗日式陶片，说明此时期共和盆地宗日文化已经消亡，并被齐家文化所替代，当然墓中的齐家陶盆，从形制和附加堆纹来看，有宗日式陶器的影子。其次，新石器时代有一定的农业生产工具，但是到了齐家时期，基本上就是狩猎工具，说明由于环境条件恶化，农业大大萎缩，人们不得不转向狩猎采集的生活方式。总体来看，距今4000—3600年前，共和盆地内宗日文化逐渐消亡，被齐家文化所替代，但齐家文化遗址较宗日遗址还是有明显的减少，说明此时期盆地内人类活动偏弱。我们做个揣测：齐家很特殊，起于黄土高原，势力很强，开端有点像秦始皇，一统西北。齐家基本与夏代同期，史书上有些夏代的记载，但是地处西北的齐家却没有一点蛛丝马迹，齐家人喜欢造型别致的素陶，喜欢素雅，这点有点像宋人，不喜欢花里胡哨，对马家窑流行的各类陶器图案不感兴趣，说明齐家人与马家窑人思维体系不同，但是对玉很执着，好玉的传统来自黄土高原的龙山文化，但初期开拓精神很强，马家窑人最后都归顺了齐家，而一支不愿投降的队伍便跑到了河西走廊，就成了西城驿和四坝文化，连土著性最强的宗日，都不得不臣服于齐家。

距今3600年以后，羊曲南坎沿遗址、宗日遗址都发现了卡约文化遗迹，尤其是羊曲盆地，卡约文化遗址分布范围、数量和规模比宗日大很多（图6-2）。说明共和盆地原本宗日地域成为卡约文化领地，这种空间的同一性，很可能意味着文化和人群的前后一脉相承。传统观点认为卡约是从齐家文化而来，但一些材料表明宗日成为卡约的重要来源，宗日文化因素在齐家时代基本销声匿迹，但是却在隔代的卡约文化上得以重现。而且似乎宗日因素的影响是越来越大的，比如宗日画鸟很常见，卡约人也喜欢画鸟；而

宗日文化的内涵与时代价值

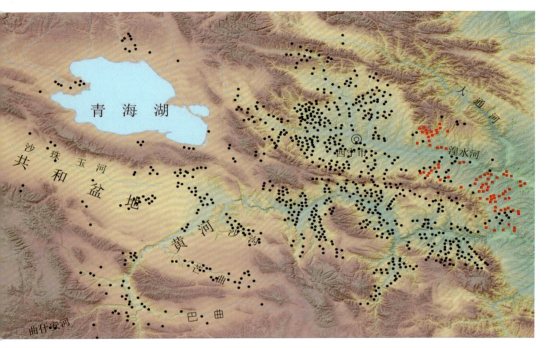

图 6-2 卡约文化分布图

且宗日后期有种正面视角的鸟飞翔图案，几乎完全被卡约所继承，二者视角和画法几乎一致（图 6-3）。当然卡约文化也并非等同宗日，卡约文化中有多种先前本区文化因素，比如卡约常见双耳罐，口沿内侧常绘有三角纹，这与宗日画法和部位一致；而罐耳部分一般画有"X"，这又是马厂常见的风格；卡约双耳罐的双大耳又是齐家文化典型样式（图 6-4），所以卡约文化陶器细究起来，融合宗日、马厂和齐家等多种文化因素，因此卡约人的确继承了宗日，因为鸟是宗日的族徽、图腾、标志，故卡约确实流淌着宗日的血，但卡约并不只是宗日，而是继承了马厂、宗日与齐家等多种文化因素，是多种文化共同影响与融合的结果。因此从这个意义上说，宗日文化并没有消亡，而是成为卡约文化和族群的重要来源。此外，宗日文化仅分布在海南州，但是卡约文化的分布地域非常广阔，东至甘青省界，西至阿尼玛卿山，北达祁连山，南抵黄河河曲一带。就从分布地域来看，宗日因素不仅没有消亡，而是被卡约发扬光大。

第六章 宗日文化的影响与时代价值

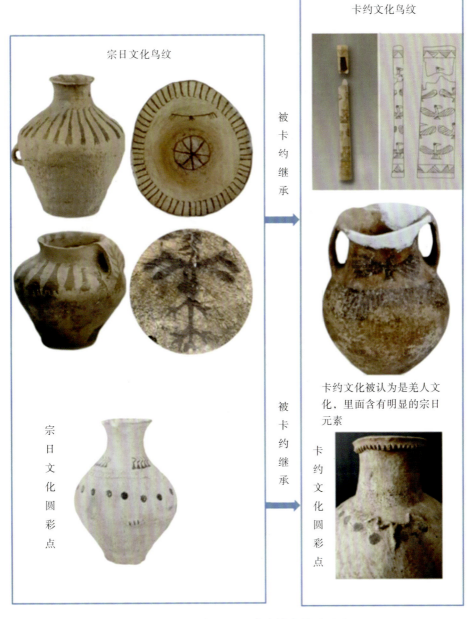

图 6-3 宗日鸟纹、圆点纹被卡约继承图

宗日文化的内涵与时代价值

图 6-4 卡约"混合体"陶器图

三、宗日人去了哪里

宗日文化在距今 4000 年后开始逐渐消亡，文化可以泯灭，但人群依旧绵延下来。这是因为文化随时代变化而更替，但是作为社会的主体人，自身有极强的能动性和适应性。虽然自然与人文环境恶化，但这是时代发展的暂时障碍，人类群体会想办法来应对各种困难与挑战。当然考古中发现文化现象多以器物等各种遗迹呈现，遗迹并不能完全等同人，即同样的遗迹，并不意味同样的人群。但是为了简化起见，文章不过多讨论，暂时将文化现象与人群联系起来。

从前面的论述中可知，留在本地的宗日人有一部分在青铜时代融入了卡约。除此之外，另外一个部分人群选择迁移。宗日文化原本就和高原内部细石器文化关系密切，因此宗日人向高原内部与腹地迁徙与扩散是顺理成章的一件事。在西藏昌都卡若遗址里出土的陶器，也是夹砂陶、多附加堆纹、装饰平行折线纹，二者的高领罐和敞口盆等器型也非常接近，这显然是宗日与卡若共同的特征（图6-5），当然二者都有较大比例的细石器，宗日与卡若的夹砂陶有诸多共同点，二者相似程度可以说是相当高，更似为一个系统。高原内部细石器文化可以将二者联系起来，甚至不排除宗日与卡若的夹砂陶可能来自全新世中期的细石器文化，或者至少部分来自高原早期陶器，这也就支持了宗日人可能扩散到高原腹地这一猜想。

图6-5　宗日与卡若、营盘山出土陶器对比图（韩建业，2018）

宗日文化的内涵与时代价值

宗日文化还存在沿着高原东部的高山峡谷向南的迁徙。比如有三件文物相隔千里，似乎无其关联，分别为四川金沙遗址太阳神鸟金饰（距今3000年左右）、甘青一带的马家窑文化圆圈鸟纹盆（距今5000年左右）、青海同德宗日文化群鸟环日盆（距今5000年左右）。古人往往将太阳与鸟联系在一起，中国最古老的地理学著作《山海经·大荒东经》给出了最合适的远古注解，其中记载："汤谷上有扶木，一日方至，一日方出，皆载于乌。"意思是说在古人观念里是鸟儿载托着太阳周而复始在天空中运动，这一观念被后人称为"金乌负日"，实际上是远古人群对太阳崇拜的一种反映。看来远在青藏高原黄河上游的宗日文化人群的精神信仰里也有尊崇"金乌负日"这一古老信条，也再次显示在远古时期，中华大地上共同的精神世界已经开始形成，并成为维系不同区域人群的精神纽带。

这也说明四川盆地金沙遗址先民和青藏高原宗日－马家窑先民关系密切，金沙遗址发现的太阳神鸟金饰，与高原马家窑、宗日文化先民使用的彩陶纹饰理念是一致的，金沙先民是青藏高原马家窑先民南下到川西高原，留下了岷江河谷中的茂县营盘山、汶川姜维城等具有马家窑文化性质的遗存，然后再进入到四川盆地，并铸就了四川盆地青铜时代辉煌的三星堆、金沙文明。伴随人群流动，文化也在一起传播，西部先民都盛行太阳与神鸟崇拜，因此在史前时代，都有一致的精神崇拜和信仰（图6-6）。说明这些人群文化上是相融的，语言上是相通的，血缘上是相近的。太阳与鸟成为中国西部早期的一个共同精神信仰，一个共同的文化符号。

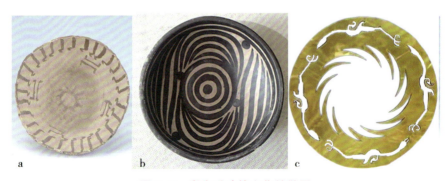

图6-6 彩陶反映的文化扩散图

（a.宗日群鸟环日盆；b.马家窑类型圆圈鸟纹盆；c.金沙遗址太阳神鸟金饰）

上述人群扩散和迁徙的方向就是史前"彩陶之路"的一部分（图6-7），"彩陶之路"是以彩陶为代表的早期中国文化以陕甘地区为根基自东向西、向南的拓展传播之路，也包括此通道西方文化的东向交流。"彩陶之路"从距今6000年一直延续至距今2000年，其中又以大约距今5500年、5000年、4200年和3300年四波彩陶文化的西渐最为明显。具体路线虽有许多，但大致可概括为以青藏高原为界的北道和南道。"彩陶之路"是早期东西文化交流的重要通道，是"丝绸之路"的前身，对中西方文明的形成和发展都产生过重要影响（韩建业，2018）。

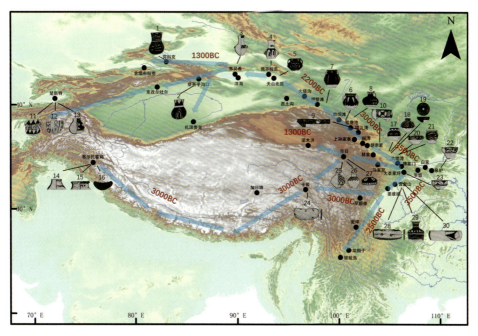

图6-7 史前的彩陶之路图（韩建业，2018）

小贴士

"丝绸之路"，简称"丝路"。是指西汉（前202—9）期间，由张骞出使西域开辟的以长安（今西安）为起点，经甘肃、新疆，到中亚、西亚，并联结地中海各国的陆上通道（这条道路也被称为"西北丝绸之路"，以区别日后另外两条冠以"丝绸之路"名称的交通路线）。

第二节　宗日文化的后世影响

一、汉藏语系的形成与演化

语言学研究基于汉藏语系同源词汇表，考虑这些词汇的重要性等级，采用贝叶斯系统发生学方法，构建了目前全世界较为精准的汉藏语系语言谱系树（图6-8）。计算结果表明：原始汉藏语系最早分化的是汉语（族）与藏缅语（族），这与早先语言学家的认识较为一致，而且也明确推算出二者分化时间在距今5900年前，而藏缅语内部进一步发生分化的时间在距今4700年。当然，汉语族自身也在分化，最后藏缅语族的藏语支人群占据了整个高原，宗日文化形成与成熟很可能代表了藏语支已经形成了（Zhang et al，2019）。

结合考古学与语言学的发现，我们可以初步勾勒人群的演变框架。早在距今5900年前左右，黄河中游的黄土高原的仰韶文化，她是中国北方响当当的新石器文化的典范和代表，她可能说着原始汉藏语系，我们可以把她称为黄河母亲，她住在黄河中游，她有两个儿子，一个叫阿涵，一个叫藏冕。因为同一个母亲，他们说着同样的语言，他们把眼睛称作"mu"（汉语目，藏语mei），把数字2称作"ni"（粤语发音ni，藏语发音ni），把数字9称作"gou"（粤语与藏语发音相同）。后来，阿涵留在了原地，藏冕离开了家乡去了河流上游地带，兄弟俩离别的时候曾经说着同一种语言。再后来藏冕离开故乡愈来愈远，故乡的记忆也愈来愈模糊，再往后藏冕也有了自己的儿子，一位叫阿藏，一位叫阿冕，阿藏走进很高很高的青藏高原腹地，阿冕沿着南流的河流走到很远很远的大陆南方。后来阿藏和阿冕的子孙后代都说不清自己从哪里来，最后还是语言学家说阿涵、阿藏、阿冕的后代们说的话，同属于一个语系——汉藏语系，他们祖先曾经说着同一种语言，他们都有一个共同的母亲叫黄河。

在中国西部新石器仰韶文化－马家窑文化－宗日文化的序列上，仰韶文化是在黄土高原大地湾文化等的基础上成长起来的，马家窑文化是仰韶文化向西扩散并分化而来的，宗日文化又是马家窑文化进一步向高原扩散分化而来，两者的源头都是黄土高原的仰韶文化，是仰韶文化不断随时间和地域变化而分化变异的结果。

第六章 宗日文化的影响与时代价值

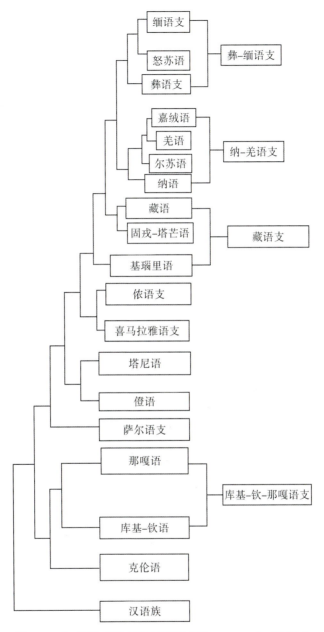

图6-8 汉藏语系语言谱系树图（Zhang et al，2019）

仰韶文化的一支开始向西部的黄河上游扩张，到达了青藏高原东北部的河湟谷地一带，其中有代表性的遗址就是化隆安达其哈、民和胡李家和循化的红土坡遗址等，文化内涵属于仰韶文化庙底沟类型，可以把他们当

宗日文化的内涵与时代价值

作黄河母亲的孩子藏缅及其后裔。这些仰韶的先民在河湟谷地落地生根，由于距离故乡太远，而且又与高原本已存在的土著文化进一步融合，形成了既继承仰韶文化衣钵，又独具特色的马家窑文化，而这种高原文化，很可能意味着汉藏语系藏缅语族的完全成型。距今4700年前，藏缅语族内部又开始分化，形成了藏语支、彝－缅语支、纳－羌语支、库基－钦－那嘎语支等。此时马家窑文化开始向西部和南部扩张，向西的进入了青藏高原过渡地带，形成宗日文化，很可能就是藏语支的源头，而顺着高原东部岷江、大渡河、雅砻江等南北向的大江大河向南迁徙，进入了川西、云贵高原，留下了含有马家窑彩陶的茂县营盘山、马尔康哈林、狮子山等遗址，可以想象这些应该是彝－缅语支、纳－羌语支等鼻祖。当然随着时间的推移，地域的不断扩散，汉藏语系大家庭可谓是枝繁叶茂。目前汉藏语系是仅次于印欧语系的世界第二大语系，约有14亿以上的母语人口，包含400多种语言，汉藏语系人群主要分布在东亚、东南亚、南亚的喜马拉雅山南麓诸国。中国境内有藏族、门巴族、珞巴族、彝族、纳西族、哈尼族、傈僳族、拉祜族、基诺族、土家族、白族、羌族、普米族、景颇族、独龙族、怒族、阿昌族等17个民族使用藏缅语族语言。很显然，青藏高原东北部成为汉藏语系藏缅语族重要的发祥地，这里是当之无愧的文化之源、民族之源，是中华文明之花中最鲜艳的一片花瓣。而上述文化传播与人群迁移路线也正好与彩陶之路吻合（图6-9）。

二、宗日文化与藏族的源头

我们知道马家窑文化主要分布在河湟谷地，马家窑先民的开拓精神很强，沿着黄河干流向海拔更高的共和盆地扩张，扩张时间大致就在距今5300—4500年。马家窑先民在向更高海拔的共和盆地扩张过程中，遇到了原先就生存在这里的细石器狩猎采集者，奇怪的事情发生了，马家窑先民开始变得细石器土著化，也就是一改往日严谨、规整、秩序与精细的作风，开始变得粗犷、豪放、随意、直率起来；而原来土著细石器狩猎采集者，则开始变得马家窑化，变得讲规则、讲精细，二者之间存在明显的彼此相互学习的过程，进而使得自己更像彼此，于是创造了一个青藏高原独特的新石器文化——宗日文化。甘肃省博物馆的马家窑文化鸟纹彩陶

第六章 宗日文化的影响与时代价值

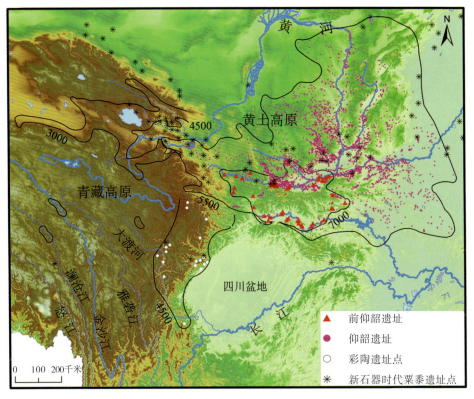

图 6-9 仰韶与彩陶文化的扩散图

盆和青海省海南州民族博物馆藏的宗日遗址出土的马家窑类型鸟纹彩陶盆，二者在盆底的鸟非常相似，但是马家窑绘制的鸟纹曲线比较流动，而宗日绘鸟却非常直率，马家窑彩陶盆内沿绘制了极富宗日自身特征的竖线纹（变形鸟纹），很显然这件宗日陶器的制作学习了马家窑文化的鸟纹及其陶器制作技术，但在制作过程中也融入了宗日文化，甚至这件彩陶盆就是宗日先民仿造马家窑文化的结果（图6-10）。什么人会仿得如此相似呢？很显然就是开拓到共和盆地的马家窑先民与细石器狩猎者共同的后裔，这群特殊的人群既认同马家窑文化，也认同细石器狩猎采集者的文化，因为仿制者本身就是二者融合的产物。而这马家窑后裔显然已经有浓重宗日本土味，已经融入了细石器狩猎采集者的血液，形成一个新群体，他的名字叫"宗日"。

图 6-10　马家窑鸟纹与宗日仿的鸟纹图

上述汉藏语系与仰韶 – 马家窑 – 宗日等考古的研究，均显示汉藏同源、汉语与藏语属于同一语系，具有共同的渊源。这一结果也获得诸多基因研究结果支持，基因研究表明，现代藏族人 98% 左右的母系遗传组分可以追溯至新石器时期以来迁入青藏高原的中国北方人群。但值得注意的是，其研究也发现了一个特殊的新基部组分——单倍型类群 M16。与源自中国北方人群的母系遗传组分不同的是，类群 M16 直接从欧亚大陆建群类群 M 分化而来，且基本只能在藏族群体中观测得到。而基于多种时间估算方法均提示该类群的分化年龄较古老（>2.1 万年），甚至可以追溯到末次冰盛期之前。对该结果最合理的解释是，M16 类群很可能代表了旧石器晚期即已定居青藏高原的现代人类祖先延续至今的母系遗传组分（Zhao et al, 2009）。另有研究通过遗传 Y 染色体测定距今 10000—6000 年前（新石器早中期）藏缅语系的祖先从黄河中上游向南迁移，其中一部分进入西藏南部、云南及东南亚、南亚地区，成为现在当地汉藏语系人群的祖先（Wang et al, 2021）。

最近研究者对青藏高原古人骨进行 DNA 遗传研究（Wang et al, 2021），发现现代西藏人群特有的遗传成分，至少在距今 5100 年以来已存在于整个青藏高原各区域的古人群之中，且具有很好的遗传连续性。青藏高原人群特有的遗传成分是由两股不同的遗传成分以大约 4∶1 的比例混合形成，其中约 80% 的遗传成分与东亚北方距今 9500—4000 年前的人群相关，约 20% 的遗传成分来源于一个未知的古代人群。这显示青藏高原人群的主要成分很可能与新石器时代东亚北方人群的扩张，以及由此驱动的人群迁徙和混合相关。虽然青藏高原古人群遗传成分较为相似，但是也发现距今 2500 年开始，高原古人群已经出现显著的区域差异，可以分为以共和盆地和玉树高原为中心的东北部，以那曲和昌都地区为中心的东南部和以日喀则、山南及拉萨地区为中心的西南部三支高原人群。

对宗日遗址古人骨 DNA 研究发现：宗日遗址出土的距今 5100 年的人骨样本，是迄今发现携有青藏高原特有遗传成分的最古老的个体，将宗日人指向了高原藏族人群的源头。而且宗日遗址的人群，至少在距今 4700 年前受到了来自黄河流域的东亚古北方人群的遗传影响，人群发生了混合。东亚古北方人群我们可以理解为仰韶-马家窑系统人群，也就是说宗日与马家窑的交流，不仅仅是表现在文化与物质的交流，也发生了人群迁移与遗传的交流。

我们可以想象在马家窑与宗日人群交融中，马家窑先民占有不小比重，青藏高原人群特有的遗传成分是由两股不同的遗传成分以大约 4∶1 的比例混合形成，其中约 80% 的遗传成分与东亚北方距今 9500—4000 年前的人群相关，约 20% 的遗传成分来源于一个未知的古代人群。这显然与前文中谈到宗日遗址墓葬人头向指示的意义不谋而合，即来自黄河下游的马家窑人群占到了 72%，少数的遗传成分未知的古代人群显然与高原的细石器狩猎采集有关。因此宗日遗址的考古发现与基因证据得到了基本一致的结论，要知道这是两个几乎完全不同的学科，但都不约而同地得到类似的结果。当然宗日文化确立后从早期到晚期，宗日自身特征愈来愈显著，到马家窑晚期的马厂时期，共和盆地的宗日文化已经很少与河湟谷地的马厂类型交流了，因为马厂类型主要在湟水河谷地，这也说明，宗日文化自身愈来愈强大，特征愈来愈明显，成为青藏高原一股重要力量，并成为后世青藏高原人群演变主要源泉之一，因为宗日遗址是发现的距今 5100 年青藏高原特有遗传成分的最古老的个体，这种遗传成分一直延续至今，现今高原当地主体人群为藏族，因此这一发现将宗日与藏族联系到一起，可谓是意义重大。这又一次提醒我们在考量宗日文化与人群过程中，不能仅仅局限在共和盆地，而应该放眼于整个青藏高原。

宗日文化的
内涵与时代价值

> **小贴士**
>
> Y染色体，是决定生物个体性别的性染色体的一种，由于Y染色体传男不传女的特性，因此在Y染色体上留下了基因的族谱，Y-DNA分析现在已应用于家族历史的研究，家族世系的遗传与进化和认祖归宗的基因鉴定。

三、文化的解读与传承

人类社会是在不断发展的，是在继承和扬弃中不断进步的，因此早期文化势必对后期产生影响。宗日文化作为青藏高原东北部重要的新石器文化，对今天的青藏高原文化人群和文化无疑也产生了影响。而对这些遗留的文化现象深入解读，对于挖掘区域历史、民族文化的内涵，进而讲好文化故事、积极开发文化旅游资源都有积极意义。

1. 图腾

图腾是史前社会一种非常普遍的文化现象。我们知道仰韶庙底沟时期流行鸟纹，鸟纹从形象演变为抽象；马家窑文化继承了鸟纹，从繁复演变为简洁，马家窑类型鸟纹较为常见，半山和马厂类型已经很少见到了，而且是极为简化的鸟形象，说明鸟的文化符号意义在半山和马厂时期开始下降。鸟纹在宗日文化占了主导，从早期到晚期，可以在各类器型上见到，而且造型多样。青铜时代的卡约和辛店文化鸟纹又有复兴的趋势，卡约鸟纹更多继承宗日风格。尤其是太阳神鸟，或者众鸟逐日的纹饰，虽然叫法不同，但表现的主题几乎一致，在距今3000年左右的四川盆地金沙遗址能够看到相关纹饰。苯教为青藏高原产生最早、最原始、土生土长的宗教，其图腾为大鹏神鸟，不排除与史前社会的鸟崇拜有关。整体来看，新石器－青铜时代，西部先民有共同的太阳神鸟崇拜。所以，在史前时代，西部先民有较一致的精神崇拜和信仰。太阳与鸟成为中国西部早期的一个共同精神信仰，一个共同的文化符号。而且大体能看到鸟崇拜始于仰韶，经过马家窑、宗日，被卡约、辛店文化，甚至三星堆文化所沿袭，这与汉藏语系、基因研究又一次吻合（图6-11）。

第六章　宗日文化的影响与时代价值

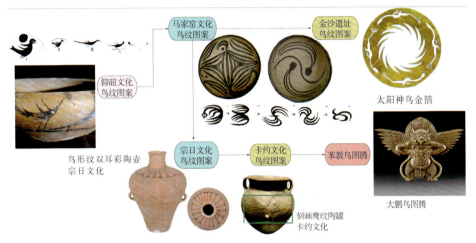

图 6-11　新石器-青铜时代中国西部鸟纹的演变与传承图

目前西部地区最早的"卍"字纹样始见于宗日文化的彩陶符号，并流行在马厂时期，是马厂彩陶上常见的纹饰，也是历史时期乃至现在藏传佛教中常见符号（图 6-12）。"卍"字纹样是宗日-马家窑人的太阳神鸟的抽象符号。它代表着高原早期人类对自然变幻无穷、巨大力量的敬畏，是丰富精神世界的艺术具象表达形式。后期演变为苯教的雍仲符号，寓意为吉祥、永恒、永生不息，以及对生命延续的美好愿望。

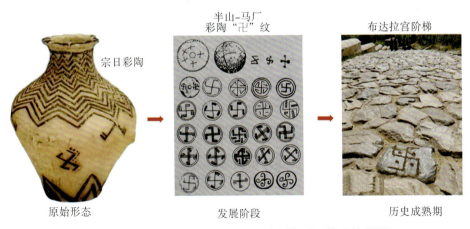

图 6-12　宗日-马家窑彩陶和历史时期"卍"字纹样图

宗日文化的内涵与时代价值

> **小贴士**
>
> 图腾，就是原始时代的人们把某种动物、植物或非生物等当作自己的亲属、祖先或保护神。相信它们有一种超自然力，会保护自己，并且还可以获得它们的力量和技能。在原始人的眼里，图腾实际是一个被人格化的崇拜对象。图腾作为崇拜对象，主要原因不在于其自然形象本身，而在于其所体现的血缘关系。

2. 舞蹈

西部各民族以能歌善舞著称，是民族文化的优秀精粹。宗日出土的文化价值非常高的舞蹈纹彩陶盆，是集音乐、舞蹈、美术等艺术形式于一身的综合体，它不仅传达了原始舞蹈的形式与特征，而且象征着中华传统文化的民族精神和人文精神（张玉青等，2022）。舞蹈纹彩陶盆是史前人类把彩陶艺术和舞蹈艺术合二为一的艺术形式，向我们展示了远古时期人们欢快的舞蹈场景。艺术来源于生活，舞蹈纹不仅展现了原始舞蹈的艺术形态，展现了宗日人高超的艺术创造力，也再现了当时人类丰富的社会生活等人文精神内涵，表达了人们的艺术审美和美好的追求。此外，宗日舞蹈形式与今天青藏高原及其东部藏彝羌走廊诸多少数民族同胞锅庄舞一脉相承，而这些民族和地区正是汉藏语系族群形成与演变、马家窑文化扩散的关键区域。以锅庄宗日人群为代表的汉藏语系的文化形式，是人们共同的文化载体与记忆，其特征是人们围成圆圈，手拉手、臂连臂，边歌边舞，共同踏歌咏唱了汉藏语系人群古老历史与不懈的探索（图6-13）。

图6-13 宗日舞蹈纹彩陶盆与锅庄

（a. 同德出土的舞蹈纹彩陶盆；b. 舞蹈纹展开图；c. 海南州现代藏族锅庄）

另外，则柔是海南州黄河谷地广为流传的藏族民间歌舞形式，属于国家级非物质文化遗产，以贵德县河西镇下排村等地为代表。则柔种类较多，词曲丰富多样，动作古朴优美，保留了较为典型完整的原生态风格。具有很强的观赏性和研究价值，在藏族舞蹈艺术和音乐艺术中有广泛的代表性和典型性。其内容以对家乡、自然风光等的歌颂为主，并广泛反映生产生活中的各种场景及事物，充分抒发思想情感。其形式主要模仿自然界的鹰与鹿，舞者将双手向身体两侧伸展开，做出似雄鹰展翅的姿势。舞动时上体前

图6-14 海南州则柔舞蹈与卡约文化陶器
（a.则柔鹰舞；b.陶器上的鹰纹；c.则柔鹿舞；
d.陶器上的鹿纹）

倾，双腿稍弯曲，膝部微颤，借以模拟雄鹰在天空中自由地飞翔，具有鲜明的原始拟兽图腾舞蹈的痕迹，代表曲目有《鹿舞》等。鹰是宗日文化中最寻常的文化元素，一直延续到卡约时代，而鹿是卡约、辛店文化彩陶中常见的主题和纹饰，贵德地区现在已经没有野生鹿的踪迹了，则柔渊源较深，鹿元素可以追溯到宗日文化与卡约文化。从中可以看到文化强大的生命力、古老的历史与有序的传承（图6-14）。

3. 体育活动

现代青藏高原群众的一些体育活动源头可以追溯至宗日文化时期。比如宗日出土的二人抬物彩陶盆（图6-15），彩陶盆内外均为黑彩，内壁绘有四组对称的二人抬物图形和横竖线，人物相向而立，身微前倾，双臂前伸，共抬一圆形物，人物与横线之间用竖线隔开，下面是平行纹，盆口沿

饰三角纹和斜线条纹，盆外彩绘有平行带纹和单钩纹（杨远等，2019）。除了两人抬物纹饰外，还有单人抬物，这些纹饰可能是源自远古时期抱物负重的体力竞赛活动，说明这种简单易行的体育活动在宗日时期非常盛行，既是一种体育竞赛，也是集体娱乐活动，反映出高原悠久的历史文化与民风民俗传统。直到今天在藏族地区仍在流行"大力士抱沙袋"比赛。

图6-15　宗日出土的二人抬物彩陶盆与现代抱沙袋比赛

4. 民风民俗

宗日文化与马家窑文化中都出现了多口罐（图6-16），这是非实用器，有特殊用途，说明宗日与马家窑人群有一定共同的精神世界和价值取向。但对其用途一直难有定论，众说纷纭。将多口罐与民俗学联系在一起，不难发现，藏族同胞使用的非饮具类器皿当中，有一种陶壶名曰"誓壶"。在吐蕃时代，君臣之间、臣民之间会进行十年大盟、五年小盟、一年一盟的习俗，而"誓壶"据说正是那个时代盟誓习俗的产物。较为常见的誓壶一般以家用壶来代替，立誓的人在起誓后要喝一口壶中的"誓水"，这种仪式似乎包含着两种意思：（1）水神在立誓过程当中起到监督的作用或担任起誓的中介。（2）"誓水"是"誓诅"的物化象征，喝下去后对背信违誓的人会带来惩罚。人们相信，当起誓的人从誓壶的壶嘴里吸取一口誓水后，就确立了誓言的信誉度，实现了社会控制力。因此，有人强调自己必须完成某件事时，往往会说："我是喝过誓水的。"称多县歇武镇赛巴寺的誓壶是较为少见的"五嘴誓壶"，其功能和一般的誓壶无异，

第六章 宗日文化的影响与时代价值

但从"五嘴"这个数量上看,说明在此壶立信者的规模不再是个人单向的"誓",而是群体约的"盟"。可以看到当时人们常常用这些带着原始巫术色彩的形式来辨别真伪,以此强化言语的权威性和有效性,正如民谚所云:"藏人以口为信,汉人以字为信。(尼玛江才,2013)"因此,宗日、马家窑中的多口壶的含义也就迎刃而解了。将考古学、民俗学等诸多古今资料放到一起共同解读,不失为理解远古文化的好办法。

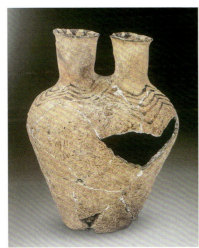 

图6-16 宗日文化两口罐与马家窑文化多口罐

第三节 宗日文化的时代价值

文化是一个国家、一个民族的灵魂。党的二十大报告指出:"民族的科学的大众的社会主义文化,激发全民族文化创新创造活力,增强实现中华民族伟大复兴的精神力量。"青海的历史文化是华夏文明的重要组成部分,黄河上游的青海的历史文化是构成黄河文化的重要组成部分。宗日文化以海南州为特定的地域载体和依托,经过长期交往、交流与交融,形成了极富青藏高原特色、黄河特色的地方文化。其意义和价值突出表现在以下方面:首先,宗日文化是黄河流域海拔最高的新石器时代遗址,使得宗日具有鲜明的青藏高原高寒区域特色;其次,黄河是宗日文化起源、发展的基本条件,为宗日的发展提供必需的空间与舞台;再次,宗日文化处于

宗日文化的内涵与时代价值

多个文化圈交叉作用区域,具有很强的交融性与包容性;最后,宗日文化具有明显的开创性,对后世影响巨大,包括高原人群与文化的起源与演变。

宗日文化的历史悠久、底蕴深厚、要素多元、内涵丰富,具有很强的现实意义与时代价值,为新时代的社会发展提供了深厚的文化底蕴和强劲的精神动力。它是青海的骄傲,海南的灵魂。

对宗日文化内涵和价值的挖掘,不仅可以展示黄河文化的精神标识和文化精髓,也可以讲好青海故事,树立起文化自信;对于铸牢中华民族共同体意识,黄河流域生态保护与高质量发展,打造国际生态旅游目的地战略的实施和"青海省国家公园示范省"和"民族团结示范省"建设都有重要的时代价值(图6-17)。

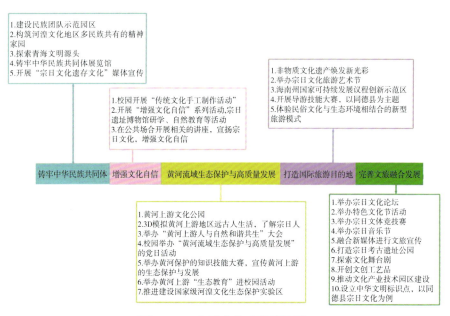

图6-17 宗日文化时代价值图

一、铸牢中华民族共同体意识

铸牢中华民族共同体意识,就是要引导各族人民牢固树立休戚与共、荣辱与共、生死与共、命运与共的共同体理念,是新时代党的民族工作和民族地区各项工作的主线。宗日文化是黄河文化的重要组成部分,其形成与演变过程中马家窑文化与宗日文化之间形成了同呼吸、共命运的亲缘关系，可以看到没有马家窑就有没有宗日，没有高原土著细石器文化，宗日也不能称为宗日；反过来，宗日又作为桥梁，将马家窑与细石器文化二者紧密联系起来，大家形成一个命运与共的共同体。因此宗日文化正是中华大地早期文明各地区不同文化之间凝练的命运共同体的反映，也是中华文明独特历史和中华优秀传统文化的真实写照，宗日文化的挖掘无疑会丰富中华民族共同体理论体系建设。

宗日文化作为一个远古文化，我们挖掘其内涵，要讲好中华民族故事，讲好黄河故事，讲好青海和海南州的故事，可以大力宣介中华民族共同体意识。最终着眼点是建设中华民族现代文明，不断构筑中华民族共有精神家园，促进各民族广泛交往、交流、交融，以中华民族大团结促进中国式现代化。

海南州可以围绕宗日文化铸牢中华民族共同体意识开展以下工作：

1. 进一步加强理论研究

对文明起源和形成的探究是一个既复杂又漫长的系统工程，需要把考古探索和文献研究同自然科学技术手段有机结合起来，综合把握物质、精神和社会关系形态等因素，逐步还原文明从涓涓溪流到江河汇流的发展历程。要加强统筹规划和科学布局，坚持多学科、多角度、多层次、全方位，密切考古学和历史学、人文科学和自然科学的联合攻关，拓宽研究时空范围和覆盖领域。宗日文化对于青藏高原文明的起源、演变起到了重大作用，需进一步回答好宗日文化对于黄河文明、青藏高原文明的起源、形成、发展的精细过程，内在机制以及各区域文明演进路径等重大问题。

2. 构筑黄河文化多民族共有的精神家园

我国是拥有56个民族的大家庭，各民族广泛交往、交流、交融，共同团结奋斗、共同繁荣发展，才能推进中华民族伟大复兴。宗日人是青藏高原上黄河沿岸的新石器狩猎先民共同融合的后代，这说明宗日文化是和马家窑文化共同交流产生的浇灌之花，也就是说在黄河上游海南州段不同族群交往、交流、交融早已存在，宗日文化给我们提供了典范，它是由多种文化共同融合、交流，共同促进所形成的。它给我们带来的启示，就是中华民族所要走的路是共同发展，是你中有我、我中有你、互相促进并存的路。以宗日文化为抓手，构筑黄河文化多民族共有的精神家园，就是要

促进铸牢中华民族共同体意识，实现中华民族大团结。

3. 建立民族团结示范园区

2019年，青海省委十三届七次全体会议提出全面推进民族团结进步示范省建设。2020年，青海省委省政府明确到2025年把青海建成全国民族团结进步示范省。青海省还召开了民族团结进步表彰大会、省委民族工作会议，出台《关于以铸牢中华民族共同体意识为主线推进新时代青海民族工作高质量发展的实施意见》，开启了全省民族团结进步事业新篇章（周宛霖，2023）。宗日文化作为青海和海南州的地域文化，其丰富的文化内涵，为民族团结奠定了文化传统、历史根基、理论基础，有力于区域服务民族团结示范建设。

4. 铸牢中华民族共同体展览馆

海南州宗日遗址等出土的珍贵文物，可以建立铸牢中华民族共同体意识展览馆，有力推动同德县推进民族团结进步示范县建设。舞蹈纹彩陶盆、二人抬物盆等，似乎每件彩陶盆上的人手拉着手，共同发力，齐心协力劳作，体现出了团结协作的精神。

二、增强文化自信

党的二十大围绕"推进文化自信自强，铸就社会主义文化新辉煌"作出重大部署，在新的起点上继续推动文化繁荣、建设文化强国、建设中华民族现代文明，是我们在新时代新的文化使命。文化自信是区域发展最基本、更深沉、更持久的力量。海南州地处祖国西部，自然环境相对恶劣，一般被认为历史文化并不丰富，但宗日文化的发掘与研究，将数千年前内涵丰富的灿烂文化展示在大家面前，让大家倍感振奋，距今5000年前宗日人在这片热土已经创造历史，我们今天更应该发奋努力，创造新辉煌。宗日文化沉淀了数千年，它连接过去，贯穿现在，为海南州社会经济发展提供了软实力、精神动力。因此海南州与同德县应用好、用活宗日文化，提升文化自信，深挖历史底蕴，讲好宗日文化好故事。

1. 宗日文化进校园

让宗日文化走进大中小学校园文化，举办宗日文化的科普讲座、知识竞赛、展板宣传、陶罐手工制作、课本剧活动。通过这种方式，寓教于乐来有效提升学生宗日文化的知识的获取，感受到宗日文化的魅力，树立文化自信。

2. 开展宗日遗址和博物馆研学教育等活动

同德县宗日遗址、兴海县羊曲、贵南县增本卡等遗址，有丰富的宗日遗存，也是宗日先民曾经生活过的地方，而海南州民族博物馆拥有丰富的宗日遗址出土文物，因此结合实际可以在遗址或博物馆开展关于宗日文化的研学活动，这样能丰富参加者的文化素养，增强文化自信，又能在实践中锻炼才干，磨炼意志。

3. 通过各种形式大力宣传宗日文化，打造宗日文化故事

利用各种方式，通过互联网云端平台、手机 App，实地博物馆展览、图书馆，编制宗日文化的文物、遗址的视频、音频、图片、文字等资料让人们领略 5000 年文明的博大精深和源远流长，学习宗日文化，增强文化自信（图 6-18）。也可以开展线上、线下讲座等有益活动，既能宣传宗日文化，又可提升文化自信。

图 6-18　增强文化自信框架图

三、黄河流域生态保护与高质量发展

黄河是母亲河，也是中华民族的摇篮。黄河文明是中华文明最具有代表性、最具影响力的主体文明之一，也是世界文明史上延续最久、最具特殊性的大河文明。宗日文化的形成发展离不开黄河，由于这里地跨黄河上

宗日文化的内涵与时代价值

游和青藏高原，地理位置特殊，草原文化与农耕文化在这里相互作用影响，各民族民俗文化竞相争辉，丰富多彩，异彩纷呈。同时这里也肩负着"黄河流域生态保护与高质量发展"的重任。利用宗日文化，赋予黄河文化精神力量，对海南州实现黄河流域的高质量发展有促进作用。

1. 建设宗日文化公园

推进在宗日遗址建设宗日文化公园，并结合黄河沿岸巴沟乡乡村旅游基础设施建设、巴滩百万亩草原景区、黄河大峡谷景区、贵南沙漠公园等风景名胜区与自然保护区，共同推进同德县黄河沿岸生态保护，实现高质量发展。

2. 弘扬和挖掘黄河文化资源

以宗日文化为依托，开展海南州乃至青海省黄河文化资源调查与保护，编撰出版青海黄河文化系列精品图书、宣传视频等，开发以黄河为主题的旅游线路、打造黄河文化研学路线，举办黄河文化论坛、研讨会等。

3. 打造黄河文化廊道，建设好黄河国家文化公园

黄河发源于青海省玉树州曲麻莱县卡日曲，至民和官亭出省境，在青海省内干流长 1694 千米，占黄河总长度的约 1/3，多年平均径流量为 209.8 立方米，占全省总径流量的 33.5%，占黄河总径流量约一半。因此黄河在青海省具有特殊的意义，既是青海第一大河，沿线长，流域面积广，又地处黄河源头和上游，数千年来养育省内数百万各族人民，也涉及下游数亿人的用水安全，有极为重要的生态价值与丰富的黄河文化资源。因此可以在青海省内黄河干支流域划设生态廊道，建立黄河上游国家文化公园。在黄河生态廊道上，划分黄河文化代表性河段，比如青海省内可以将黄河段分为河湟谷地、共和盆地、青南高原黄河沿岸三个河段，充分挖掘三个河段内的黄河文化元素；选择重要节点，建设"点、线、面"相结合的黄河文化展示区，比如河湟谷地可以以民和喇家遗址考古公园，共和盆地以宗日遗址文化公园为节点，而青南高原则以三江源国家高原黄河园区鄂陵湖、扎陵湖为节点，打造集水利、生态、文化、旅游等于一体、贯穿青海省的黄河文化集中展示带。

4. 海南州国家可持续发展议程创新示范区

海南州位于黄河上游地区，蕴藏着丰富而独特的黄河文化资源。黄河

是中华文明的发源地之一，对于了解中华民族的历史、文化和自然演变具有深远的意义。在推进生态保护与治理上走在前列、做出示范，统筹山水林田湖草沙冰系统治理，全面加强水源生态保护，推行草原森林河流湖泊湿地休养生息，实施好生物多样性保护重点工程，着力提升水源涵养功能、生态系统承载力和生物多样性保护水平，不断筑牢生态安全屏障。要在推进生态产业绿色发展上走在前列、做出示范作用，大力推进国家清洁能源产业高地、绿色有机农畜产品输出地、国际生态旅游目的地和大数据产业基地绿色发展、协调发展，推动泛共和盆地绿色崛起。积极推动海南州黄河文化产业，对践行生态立省和生态文明的战略、促进地方经济发展、推动文化旅游业的可持续发展具有重要意义，也可使得黄河文化遗产得到有效保护与传承，在科技支持与管理创新上不断出彩。

四、筑宗日文化之魂，助推文旅融合发展

随着社会发展，文化和旅游也在不断深入融合中。旅游中更加注重文化的体验，旅游中文化游的比重不断加大，更强调文化的宣传和参与，文化和旅游形成了融合发展的新态势。宗日文化内涵丰富、价值很高，是促进区域文旅发展的重要突破口。

1. 宗日文化成为区域文旅产业的名片

同德县依托宗日文化，联动丹霞地貌、草原风光等资源，努力打造具有浓厚黄河上游地域文化特色的文旅产业，实施"农牧产业＋文旅产业"计划，全面讲好宗日文化、黄河峡谷、团结渠等同德故事。目前同德县已经开始通过举办宗日文化艺术节、宗日音乐季、"宗日杯"高原越野跑、牦牛文化嘉年华等文艺演出、体育竞技比赛、联欢晚会、周末文化广场等丰富多彩的群众性活动，促进各族群众交往、交流、交融，也展现了"宗日文化＋生态旅游"的响亮名片。"旅游＋"和第一、二、三产业深度融合发展的良好局面已初步形成，全县旅游业活力涌现。通过宗日文化节的举办，带动旅游业的发展，辐射相关的第三产业，对于乡村振兴起到了积极作用。宗日文化这张名片，融合新媒体（图6-19）对同德县的文旅资源与产业的宣传起到了极大的推动作用。

宗日文化的内涵与时代价值

图6-19 宗日文旅新媒体矩阵示意图

2. "互联网+民族文化+产业"的模式促进生产与消费

运用互联网技术、大数据技术、沉浸式模拟体验等，建设"互联网+民族文化+产业"的项目平台，以宗日文化和区域丰富文旅资源为依托，开发文旅产品，打造富有宗日文化特色的区域文旅互联网产品营销平台。

3. 保护与开发相互促进

宗日文化对于区域文旅产业的促进作用，使得各族人民认识到宗日的时代价值，积极加大宗日文化的研究、保护和利用力度。对沿途黄河生态和宗日遗址进行系统性保护，建设宗日文化博物馆，既可以丰富黄河文化，促进文化遗产保护，也可以成为开展文旅产业的节点与基地（图6-20）。

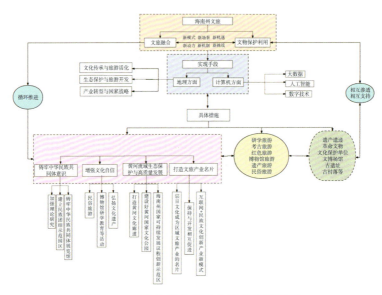

图6-20 海南州文旅融合的实现路径图

参考文献

[1] WANG H, YANG M A, WANGDUE S, et al. Human genetic history on the Tibetan Plateau in the past 5100 years[J]. Science Advances, 2023, 9（11）: 1-17.Amy Gray Jones. Cremation and the Archaeology of Death[M]. Oxford University Press, 2017.

[2] H B, LYU N N, CHEN X L, et al. Hearth Residue Analysis Reveals Human Adaptation to the Younger Dryas on the Northeastern Qinghai-Tibetan Plateau[J]. Environmental Archaeology, 2023, 22:86-119.

[3] CHEN F H, DONG G H, ZHANG D J, et al. Agriculture facilitated permanent human occupation of the Tibetan Plateau after 3600 B.P.[J]. Science, 2015, 347（6219）: 248-250.

[4] CHEN X L, HOU G L, FAN Q, et al. Pottery circulation and cultural exchange during the mid-late Neolithic Age in the northeastern Tibetan Plateau[J].Archaeological and Anthropological Sciences, 2022:14:164.

[5] DONG G H, WANG L, CUI Y F, et al. The spatiotemporal pattern of the Majiayao cultural evolution and its relation to climate change and variety of subsistence strategy during late Neolithic period in Gansu and Qinghai Provinces, northwest China.[J].Quaternary International, 2013, 316（459）:155-161.

[6] GAO J Y, HOU G L*, XIAO Y M, et al. Vegetation History and Survival Patterns of the Earliest Village on the Qinghai-Tibetan Plateau. Front[J]. Plant Sci. 2022, 13:903192.

[7] MADSEN D B, MA H ZH, BRANTINGHAM P J, et al. The late Upper Paleolithic occupation of the northern Tibetan Plateau margin[J]. Journal of Archaeological Science, 2006, 33（10）: 1433-1444.

[8] WANG C C., YEH, H Y, POPOV, A.N. et al. Genomic insights into the formation of human populations in East Asia[J]. 2021, Nature 591, 413–419.

[9] YANG B, QIN C, BRAUNING A, et al. Long-term decrease in Asian monsoon rainfall and abrupt climate change events over the past 6700 years[J]. PNAS, 2021, 118（30）：e2102007118.

[10] ZHANG M, YAN S, PAN W JIN.Phylogenetic evidence for Sino-Tibetan originant northern China in the Late Neolithic[J].Nature.2019, 569（7754），112–115.

[11] ZHAO M, KONG Q P, WANG H W, et al. Mitochondrial genome evidence reveals successful Late Paleolithic settlement on the Tibetan Plateau[J]. PNAS. 2009, 106（50）:21230–21235.

[12] 艾婉乔.青海共和盆地史前时期装饰品刍议[J].四川文物，2020（04）：26–39，118.

[13] 安特生.西宁朱家寨遗址[M].刘竞文，译.西宁：青海人民出版社，1992.

[14] 安家瑗，陈洪海.宗日文化遗址动物骨骼的研究[C].2007年中国郑州动物考古国际学术研讨会，2012.

[15] 巴音郭楞蒙古自治州文物保护管理所.新疆库尔勒市上户乡古墓葬[J].文物，1999（02）：32–40.

[16] 布赖恩·海登.石器时代的研究与进展：狩猎采集群的技术转变[J].陈虹，译.南方文物，2010（03）：135–145，134.

[17] 曾永丰，郭广智.也谈舞蹈纹彩陶盆的文化寓意[J].青海民族大学学报（社会科学版），2012，38（03）：75–77.

[18] 陈淳.聚落·居址与围墙·城址[J].文物，1997（08）：43–47.

[19] 陈洪海，格桑本，李国林.试论宗日遗址的文化性质[J].考古，1998（05）：15–26.

[20] 陈洪海，格桑本，王国顺.青海省海南州宗日文化遗址的调查[J].西部考古，2007（00）：16–40.

[21] 陈洪海、王国顺、梅端智，等.青海同德县宗日遗址发掘简报[J].考

古，1998（05）：97-101.

[22] 陈洪海. 甘青地区史前文化中的二次扰乱葬辨析 [J]. 考古，2006（01）：54-68，2.

[23] 陈洪海. 宗日遗存 [D]. 北京大学，2002.

[24] 程波，陈发虎，张家武. 共和盆地末次冰消期以来的植被和环境演变 [J]. 地理学报，2010，65（11）：1336-1344.

[25] 程纯枢. 中国的气候与农业 [M]. 北京：气象出版社，1991.

[26] 崔亚平，胡耀武，陈洪海，等. 宗日遗址人骨的稳定同位素分析 [J]. 第四纪研究，2006（04）：604-611.

[27] 崔一付，杨谊时，张山佳，等. 甘青地区马家窑文化彩陶贸易及其动力探讨 [J]. 第四纪研究，2020，40（02）：538-546.

[28] 崔勇. 宗日陶器研究 [D]. 青海师范大学，2015.

[29] 丁见祥. 马家窑文化的分期、分布、来源及其与周边文化的关系 [J]. 古代文明（辑刊），2010（80）：36-87.

[30] 丁瑶瑶. 高原野生动物保护进行时 [J]. 环境经济，2023（19）：12-17.

[31] 杜战伟，钟毅，甄强，等. 青海民和县喇家遗址2018年马家窑文化遗存的发掘 [J]. 考古，2023（08）：18-30，2.

[32] 冯汉骥，童恩正. 岷江上游的石棺葬 [J]. 考古学报，1973（02）：23-29.

[33] 盖培，王国道. 黄河上游拉乙亥中石器时代遗址发掘报告 [J]. 人类学学报，1983（01）：49-59，116.

[34] 甘肃省博物馆. 甘肃景泰张家台新石器时代的墓葬 [J]. 考古，1976（03）：18-27.

[35] 甘肃省文物工作队,临夏回族自治州文化局,东乡族自治县文化馆. 东乡林家遗址发掘报告 [M]// 考古学集刊：第四集. 北京：中国社会科学出版社，1984：125.

[36] 甘肃省文物管理委员会. 兰州新石器时代的文化遗存 [J]. 考古学报，1957（1）：24-38.

[37] 高东陆. 略论卡约文化 [M]. 北京：文物出版社，1993.

[38] 高东陆.同德县巴沟乡兔儿滩马家窑文化半山类型遗址发现记[C]//青海省文化厅文物处等.青海考古学会会刊,1985(7):43-48.

[39] 高靖易.青藏高原黄河流域史前人类生存环境与适应策略研究[D].青海师范大学,2023.

[40] 格桑本,陈洪海.宗日遗址文物精粹及论述选集[M].成都:四川科学技术出版社,1999.

[41] 辜雪梅.马家窑文化居址与墓葬空间关系研究[D].兰州大学硕士论文,2021.

[42] 韩建业.全新世亚欧大陆的三大文化圈[J].考古,2021(11):64-75,2.

[43] 韩建业.早期东西文化交流的三个阶段[J].考古学报,2021(03):317-338.

[44] 韩建业,张小宁,李小龙.南佐遗址初识——黄土高原地区早期国家的出现[J].文物,2024(1):20-26.

[45] 韩建业.5000年前的中西文化交流南道[J].社会科学战线,2012(06):102-106.

[46] 韩建业.再论丝绸之路前的彩陶之路[J].文博学刊,2018(01):20-32.

[47] 何驽.制度文明:陶寺文化对中国文明的贡献[J].南方文物,2020(03):22-46.

[48] 何努.试论传说时代历史重建的方法论——以陶寺遗址考古实践为例[J].华夏考古,2021(04):116-128.

[49] 洪玲玉,崔剑锋,陈洪海.移民、贸易、仿制与创新——宗日遗址新石器时代晚期陶器分析[J].考古学研究,2012(00):325-345.

[50] 侯光良,鄂崇毅,杨阳,等.共存与交流——青藏高原东北部史前陶器来源地分析[J].地球环境学报,2016,7(06):556-569.

[51] 侯光良,兰措卓玛,朱燕,等.青藏高原史前时期交流路线及其演变[J].地理学报,2021,76(05):1294-1313.

[52] 侯光良,马志坤,马永超.青海中石器拉乙亥遗址磨盘及磨棒淀粉粒分析及其揭示的植物利用情况[J].农业考古,2017(04):7-13.

[53] 胡梦珺，许澳康，白清竹.中晚全新世共和盆地粒度端元指示的物源特征及环境意义[J].干旱区资源与环境，2024，38（02）：123-131.

[54] 霍巍.从考古发现看西藏史前的交通与贸易[J].中国藏学，2013（02）：5-24.

[55] 贾笑冰，王鹏.新疆温泉县呼斯塔遗址发掘的主要收获[J].文物天地，2021（7）：28-33.

[56] 建兵.高原之光——西藏卡若文明[J].百科知识，2009（13）：32-33.

[57] 蒋庆丰，季峻峰，沈吉，等.赛里木湖孢粉记录的亚洲内陆西风区全新世植被与气候变化[J].中国科学：地球科学，2013，43（02）：243-255.

[58] 科斯蒂尔.动物大迁徙[M].北京：海豚出版社，2011.

[59] 李凡，侯光良，鄂崇毅，等.青藏高原全新世气温序列的集成重建[J].干旱区研究，2015，32（04）：716-725.

[60] 李飞.试论贵州地区"石棺葬"的分区与年代[J].考古与文物，2011（04）：81-87.

[61] 李锦山.论宗日火葬墓及其相关问题[J].考古，2002（11）：50-59.

[62] 李力."史前城址与聚落考古学术研讨会"综述[J].文物，1996（11）：93-95.

[63] 李梅菊，孙小妹.尖扎县直岗拉卡砂料场半山墓发掘简报[J].青海文物，1992（07）：22-28.

[64] 李旻.重返夏墟：社会记忆与经典的发生[J].考古学报，2017（03）：287-316.

[65] 李水城.石棺葬的起源与传播——以中国为例[J].四川文物，2011（06）：15-25.

[66] 李学武.河湟陶韵[M].北京：民族出版社，2014.

[67] 李宜垠，侯树芳，赵鹏飞.微炭屑的几种统计方法比较及其对人类活动的指示意义[J].第四纪研究，2010，30（02）：356-363.

[68] 刘超明，岳建兵.国家公园设立符合性评价分析：以拟建青海湖国

家公园为例[J].湿地科学与管理，2021，17（03）：49-53.

[69] 刘次沅.陶寺观象台遗址的天文学分析[J].天文学报，2009，50（01）：107-116.

[70] 刘莉蕊.中国西部地区早期火葬墓的空间分布区域与传播[J].文物鉴定与鉴赏，2023（15）：109-112.

[71] 刘敏敏.马家窑彩陶的艺匠美[J].美与时代（上），2023（02）：23-25.

[72] 刘小何，刘杏改，高东陆.民和县官亭、中川古代文化遗址调查[J].青海考古学会会刊，1982（04）：11-23.

[73] 刘雨嘉.青海省宗日遗址植物遗存分析[D].兰州大学博士论文，2018.

[74] 毛瑞林.黄河上游的早期青铜文明临潭磨沟遗址齐家文化墓地[J].大众考古，2013（5）：42-47.

[75] 米治鹏.探赜索隐：从马家窑文化管窥新石器时代的农业发展[J].文物鉴定与鉴赏，2023（05）：110-113.

[76] 尼玛江才.风马界：青藏高原的古风世界[M].西宁：青海人民出版社，2013.

[77] 戚宝正.共和盆地全新世中晚期环境演变与人类活动探讨[D].青海师范大学，2022.

[78] 钱耀鹏.略论磨制石器的起源及其基本类型[J].考古，2004（12）：66-75，2.

[79] 乔虹，马骞.青海同德县宗日遗址墓葬区2020年发掘简报[J].四川文物，2022（05）：4-18，2.

[80] 乔虹.化隆安达其哈遗址[M]//再现文明——青海省基本建设考古重要发现.北京：文物出版社，2013，11-17.

[81] 秦小丽.绿松石、海贝与红玛瑙——公元前2000年前后的地域间交流[J].南方文物，2021（05）：1-17.

[82] 青海省地方志编纂委员会.青海省志·文物志[M].西宁：青海人民出版社，2001.

[83] 青海省考古研究所.青海循化苏呼撒墓地[J].考古学报，1994（04）：

16-28.

[84] 青海省文物管理处,海南州民族博物馆.青海同德县宗日遗址发掘简报[J].考古,1998（5）：1-35.

[85] 青海省文物考古研究所,等.化隆县上半主洼卡约文化墓地发掘简报[J].青海文物,1991（06）：13-26.

[86] 青海省文物考古研究所,海南藏族自治州民族博物馆.宗日遗珍[M].北京：科学出版社,2022.

[87] 青海省文物考古研究所,北京大学考古文博学院.贵南尕马台[M].北京：科学出版社,2016.

[88] 邱四平.20世纪以来印度河文明政治形态研究综述[J].南方文物,2023（04）：222-237.

[89] 任乐乐.青藏高原东北部及其周边地区新石器晚期至青铜时代先民利用动物资源的策略研究[D].兰州大学,2017.

[90] 尚民杰.青海原始农业考古概述[J].农业考古,1987（01）：62-70.

[91] 施兰英,水涛,向其芳,等.史前黄河流域与印度河流域的文化互动[M]//丝绸之路考古第8辑.北京：科学出版社,2023：1-27.

[92] 孙南沙,陈琼,刘峰贵,等.2000—2020年河湟谷地农业干旱研究[J].干旱区地理,2023,46（03）：437-447.

[93] 孙周勇,邵晶,邸楠.石峁遗址的考古发现与研究综述[J].中原文物,2020（01）：39-62.

[94] 孙周勇,邵晶,邸楠,等.陕西神木市石峁遗址皇城台大台基遗迹[J].考古,2020（07）：37-46.

[95] 孙周勇,邵晶,邵安定,等.陕西神木县石峁遗址[J].考古,2013（07）：15-24.

[96] 田婧璇.青藏地区史前人体装饰品研究[D].河北师范大学,2022.

[97] 田万霞.过去2000年来河湟谷地人类活动强度演变及影响因素分析[D].青海师范大学,2023.

[98] 王必建,先秦秦汉时期海贝遗存研究[D].河南大学,2018.

[99] 王辉.甘青地区新石器——青铜时代考古学文化的谱系与格局[J].考古学研究,2012（00）：210-243.

[100] 王璐瑶.庙底沟彩陶艺术及其纹饰的内涵与传播[D].景德镇陶瓷大学,2022.

[101] 王敏杰,郑乐平,郑洪波,等.中国北方红黏土研究进展及问题[J].海洋地质动态,2010,26(09):11-18,34.

[102] 王倩倩.尖扎拉毛遗址[M].北京:文物出版社,2013:27-33.

[103] 王武.青海刚察县卡约文化墓地发掘简报[J].青海文物,1990(04):24-35.

[104] 王艺霖.新疆史前火葬墓研究[J].西域研究,2002(02):89-98.

[105] 王忠信.化隆亚曲滩遗址[M].北京:文物出版社,2013:23-26.

[106] 王宗礼,曹辉辉,肖永明,等.青藏高原东北部沙隆卡遗址史前人群活动和生存环境基础[J].第四纪研究,2021,41(1):201-213.

[107] 魏振铎.青海南部高原植物区系研究[J].青海环境,2011,21(01):17-32.

[108] 吴建国,周巧富.青海南部高原积雪期与生长季高寒草甸土壤CO_2、CH_4和N_2O通量的观测[J].环境科学,2016,37(08):2914-2923.

[109] 西藏自治区文物管理委员会,四川大学历史系.昌都卡若[M].北京:文物出版社,1985.

[110] 夏鼐.临洮寺洼山发掘记[J].考古学报,1949(04):71-137.

[111] 肖永明.青海东部地区仰韶文化的发展阶段探析[J].青海民族大学学报(社会科学版),2013,39(04):58-62.

[112] 肖永明.青海史前农业的出现与土著人群生存方式的改变[J].农业考古,2013(06):21-28.

[113] 肖永明.青海东北部地区的马家窑类型遗存[J].西部考古,2013,55-71.

[114] 谢端琚.甘青史前考古[M].北京:文物出版社,2022.

[115] 谢亚·托卡列夫.世界各民族历史上的宗教[M].北京:中国社会科学出版社,1985.

[116] 新疆社会科学院考古研究所.帕米尔高原古墓葬发掘报告[J].考古学报,1981(02):199-216.

[117] 新疆文物考古研究所.特克斯县阔克苏西2号墓群考古发掘简报[J].新疆文物，2012（02）：51-67.

[118] 新疆文物考古研究所.新疆尼勒克乌吐兰墓地发掘简报[J].文物，2014（12）：50-63.

[119] 新疆文物考古研究所.新疆伊犁尼勒克汤巴勒萨伊墓地发掘简报[J].文物，2012（05）：13-22.

[120] 许绍银，许可.中国陶瓷辞典——首部中国陶瓷百科全书[M].北京：中国文史出版社，2013：37-38.

[121] 闫璘，徐红梅.宗日遗址石棺葬文化族属探讨[J].丝绸之路，2009（12）：21-24.

[122] 严文明.甘肃彩陶的源流[J].文物，1978（10）：8-19.

[123] 严文明.走向21世纪的考古学[M].西安：三秦出版社，1997.

[124] 严文明.马家窑文化[M].北京：中国大百科全书出版社，1986：1-20.

[125] 严文明.求索文明源——严文明自选集[M].北京：首都师范大学出版社，2017.

[126] 杨远，朱畅然.先秦时期舞蹈图案研究——以考古发现为例[J].郑州轻工业学院学报（社会科学版），2019，20（01）：96-103.

[127] 仪明洁，高星，张晓凌，等.青藏高原边缘地区史前遗址2009年调查试掘报告[J].人类学学报，2011，30（02）：124-136.

[128] 袁靖.中国古代家养动物的动物考古学研究[J].第四纪研究，2010，30（02）：298-306.

[129] 张东菊，董广辉，王辉，等.史前人类向青藏高原扩散的历史过程和可能驱动机制[J].中国科学：地球科学，2016，46（08）：1007-1023.

[130] 张玉青，徐霄.舞蹈纹彩陶盆的舞蹈图像研究[J].山东陶瓷，2022，45（06）：40-46.

[131] 张之恒.中国新石器时代考古[M].南京：南京大学出版社，2004，26-75.

[132] 赵潮，包青川，胡晓农，等.全新世大暖期蒙古高原东部先民定居化现象及其成因的探讨[J].第四纪研究，2023，43（05）：1383-

1395.

[133] 赵江运.长江下游地区史前俯身葬葬俗初论[J].郑州大学学报（哲学社会科学版），2019，52（06）：85-91.

[134] 郑德坤.四川的古代历史[J].四川文物，1999（06）：73-79.

[135] 郑翔赫，刘子建.万字纹及其在丝绸制品中的应用[J].印染，2023，49（12）：93-95.

[136] 中国社会科学院考古研究所.中国考古学：新石器时代卷[M].北京：中国社会科学出版社，2010.

[137] 中国社会科学院考古研究所，博尔塔拉蒙古自治州博物馆，温泉县文物局.新疆温泉县阿敦乔鲁遗址与墓地[J].考古，2013（07）：25-32.

[138] 周存云.黄河文明中的河湟史前文化[J].青海党的生活，2020（10）：56-61.

[139] 周宛霖.把青海建成全国民族团结进步示范省[N].中国民族报，2023-03-06.

后 记

宗日文化是分布于黄河上游青海省海南藏族自治州的一支新石器时代文化，其重要特点是仅分布在海南州共和盆地的黄河上游谷地中，有明显地域性；此外，是青藏高原较早具有高原自身特色的新石器文化，活动年代为距今 5200—3900 年；是河湟谷地马家窑文化农业种植者向高原过渡地带共和盆地扩张中，与原先生活在这里的细石器狩猎采集者交流交融形成的一支极富青藏高原特色的新石器时代文化，既反映出仰韶文化、马家窑文化沿着黄河从中游向青藏高原扩散，并与高原原有文化的交往交流交融，是黄河孕育、滋养这些文化，也是黄河上下游之间相通、相交、相融的反映，是伟大黄河文化的精神的写照。同时，宗日先民的形成与汉藏语系、藏族等的形成演变息息相关，有非常重要的时代价值，即以黄河为主线将流域中黄土高原与青藏高原人群与文化连接起来，先民同呼吸、共命运创造了早期的灿烂文化。这也是华夏大地上各群体在长期历史发展过程中凝聚而成的中华民族共同体意识，显然中华民族共同体意识并非一蹴而就，它有非常悠久的形成发展历史，既是历史的淀积，也是当代全国各民族共同的追求。本书撰写出发点就是以宗日文化为依托，挖掘黄河文化，展现中华民族共同体意识形成的独特而悠久的历程，从而弘扬铸牢中华民族共同体意识。

但是目前宗日文化的相关研究还较少，对其文化内涵和所反映的时代价值挖掘不够，地方政府和各界人士对宗日文化抱有很高的期待，但苦于了解不够深入，也缺乏相应的书籍和资料，都希望能全面地了解宗日文化内涵与价值，并对青海省区域社会文化发展及其文旅融合提供内容与精神内核。

目前关于宗日文化的书籍与文献主要为发掘报告、研究论文、研究生毕业论文等，从涵盖的时间和内容来看，多为阶段性发掘报告、专项研究论文，或者陶器等专项研究专著，缺乏对宗日文化从发现、特征、影响与价值等综合性介绍书籍，难于让公众对宗日文化形成全面认识，此外目前书籍与文献多是研究性文献，缺乏一定的科普性，公众阅读不够便利。

有鉴于此，本书旨在全面介绍宗日文化的来龙去脉，系统叙述宗日文化的分布、主要特征、与其他文化关系，重点关注其文化内核与时代价值，同时采用科学研究与大众普及的写作手法，尽量图文并茂，让文字通俗易懂，利于公众接受理解，以让公众有较全面的认识，最终为区域社会文化发展与文旅事业的贡献一份自己的光和热。

河北师范大学汤惠生教授为本书作序，给予了莫大的鼓励和支持，三江源生态保护基金会的邓本太理事长、苏格平处长，青海省文物局原副局长周存云，青海省文物考古研究院王倩倩和乔虹研究员，青海省极地自然资源调查研究院张永老师，针对书稿内容提出了许多中肯而富有建设性的意见；海南州民族博物馆的周庆措馆长提供了丰富多彩的素材，海南州科技局谢康勇局长、刘塔主任，同德县项秀县长、文旅局党增加局长也曾鼎立相助；青海师范大学曹广超、薛华菊、洛加才让、毛旭锋、金鑫、耿生玲等教授也为本书的撰写和出版付出了诸多努力，西北大学出版社编辑为本书的出版也花费不少心血；同时文德卓玛、金孙梅、侯志瑞、张全参加了部分章节的撰写工作，刘佳欣、陈鸿明、张欣玥、敖民、关佳萌等绘制了精美的图件，方俊杰、何家豪搜集了数据与资料，石轩、杨夕冉、刑晓华对全文文稿进行了校对和排版，在此对大家给予的帮助与付出表达本人最诚挚的感谢！

当然宗日文化作为黄河文化的一部分，可谓是博大精深，尽管我们努力研究挖掘，但是这只是开始，相信以后随着科学发现不断深入，许多结果将不断充实甚至改写；同时由于个人知识浅薄、文字浅陋，文中定有许多疏漏、错误，敬请广大读者不吝赐教，批评指正！